7日間で人生を変える旅
7 DAYS TRIP GUIDE

まずまずの人生をこのまま送るか？
二度とない人生を求め続けるのか？

– 布袋寅泰「BEAT EMOTION」–

長生きするものは、多くを知る。
旅をしたものは、それ以上を知る。

－アラブの諺－

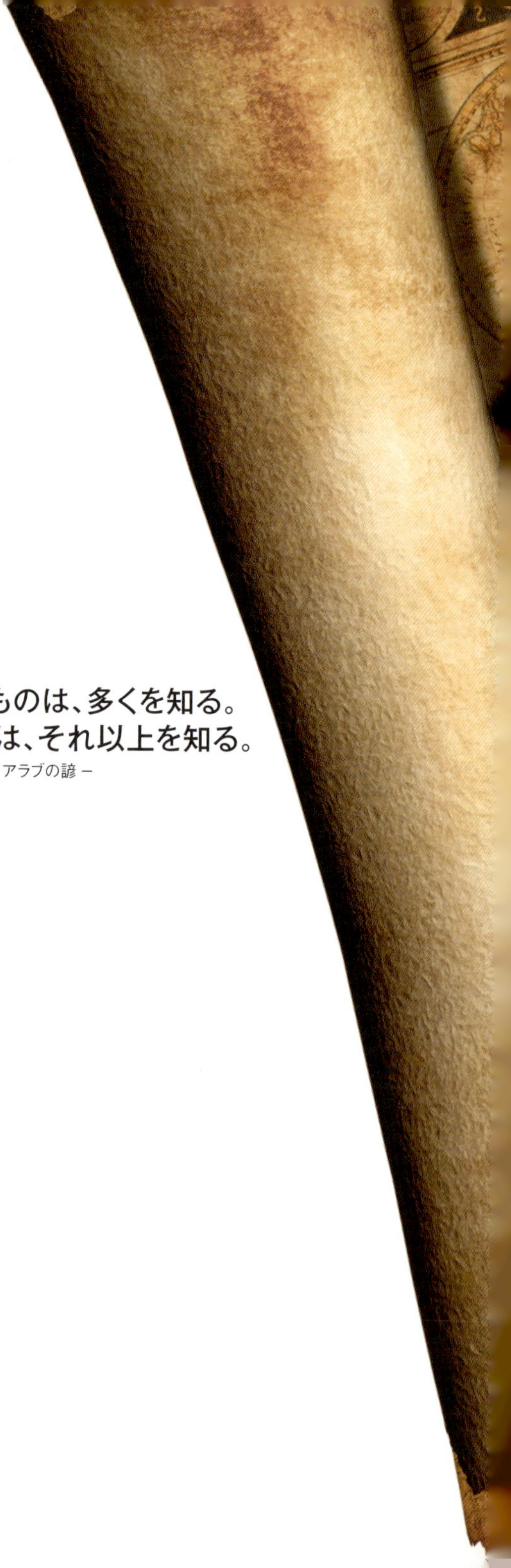

人間は場所を得て初めて、
本当の姿を現す生きものなのよ。
―フジ子・ヘミング―

えっ？ また、旅に行くの？
あなた、ちゃんと、仕事してるの？
将来は、大丈夫？

― うちの母親 ―

たいせつなのは、
じぶんのしたいことを、じぶんで知ってるってことだよ。
ースナフキン「ムーミン谷の夏まつり」よりー

JOURNEY CHANGE THE LIFE!
旅が人生を変える。

はじめに

この旅をきっかけに、人生が変わる！
きっと、新しい何かに出逢える！
世界を旅する仲間が集まり、
そんな強烈な旅だけを選び抜いて紹介した本。
それが、この旅ガイドだ。

ひとりでも多くの人と、この旅の楽しさを共有したいので、
予算的にも、一般的な海外旅行とそんなに変わらない範囲で、
時間的にも、1週間以内で行ける旅を選んでみた。

地の果て北極から、国内の温泉まで。
大都会でのパレードから、大自然でのキャンプまで。
癒しも、痛みも、無人島も、砂漠も、平和も、出家も、エロも、ナウシカも･･･
ジャンルにとらわれず、脳みそがスパークする旅を26選！
きっと、ピンと来る旅が、ひとつやふたつは見つかると想うので、
ぜひ、おもいっきり楽しんでみてほしい。

もちろん、旅の予算の内訳から、交通手段、旅の手配の方法、現地での注意点などまで、実際に旅をするうえで必要な情報も、しっかり網羅してある。

さぁ、これ一冊で、旅の準備はオッケーだ。
たった一度の人生。
誰もが、自分なりの幸せに出逢えることを祈って。

旅を続けよう。

Have a Beautiful Trip!

A-Works 代表　高橋歩　2010 Spring / Byron Bay , Australia

目次

contents

7 Days Trip Guide: 01 PAGE 24

01 常識を破壊する旅

極楽砂漠で過ごす、ありえない1週間。世界一過酷で、世界一美しいフェス、バーニングマンを楽しもう!

アメリカ・ネバダ州
USA/NEVADA

7 Days Trip Guide: 02 PAGE 34

02 自分を取り戻す旅

世界中のセレブに愛される癒し空間へ。地球のエネルギーを感じて、自分を取り戻す旅。

アメリカ・セドナ
USA/SEDONA

7 Days Trip Guide: 03 PAGE 44

03 静かで平和な時間を満喫する旅

美しい氷河に囲まれた秘境アラスカの海へ。シーカヤックで、神秘の海を自由に放浪しながら、静かで平和な時間を満喫しよう。

アラスカ
ALASKA

7 Days Trip Guide: 04 PAGE 54

04 地球サイズの視野を手に入れる旅

水上飛行機に乗って、アラスカの原生林へ。無人の荒野でサバイバルしながら、地球サイズの巨大な風景と一体化してみよう。

アラスカ
ALASKA

7 Days Trip Guide: 05 PAGE 64

05 動物たちに癒される旅

カナダの山奥で130頭の犬と一緒に暮らす、究極のシンプルライフ体験。極北の地で犬ぞりボランティアに参加!

カナダ
CANADA

7 Days Trip Guide: 06 PAGE 74

06 ふたりの愛を深める旅　PART1

極上のロマンチックタイムで、ふたりの愛を永遠に。世界一の鑑賞率を誇るイエローナイフで、神秘のオーロラを満喫!

カナダ
CANADA

7 Days Trip Guide: 07 PAGE 84

07 ふたりの愛を深める旅 PART 2

無人島なのに、こんなに快適!　快適&エコを兼ね備えた、人気のエコリゾートへ。無人島でふたりで暮らす、究極のラブバカンス!

太平洋・マーシャル諸島
MARSHALL ISLAND

7 Days Trip Guide: 08 PAGE 94

08 人生はなんでもあり!を実感する旅

男ってなんだ?　女ってなんだ?　世界最大のゲイ&レズビアンの祭典、マルディグラで、あなたも一線を越えてみる?

オーストラリア
AUSTRALIA

contents

7 Days Trip Guide: 09 PAGE 104

09 媚びない自分を創る旅

**はっきりとNO!と言える国、キューバへ。
革命&ゲバラの空気を肌で感じながら、あきらめずに夢を追い続けるパワーをもらう旅。**

キューバ
CUBA

7 Days Trip Guide: 10 PAGE 114

10 人生を賭けて一発勝負!する旅

**人生を賭けた一発勝負!
世界最高のバンジージャンプでテンション上げて、世界最大のカジノで一攫千金!**

マカオ
MACAU

7 Days Trip Guide: 11 PAGE 124

11 LOVE&PEACE な風に吹かれる旅

**ヒッピーが愛した島、神々の暮らすバリへ。
自転車に乗って島を一周しながら、
LOVE&PEACE な風に吹かれる旅。**

インドネシア・バリ
INDONESIA/BALI

7 Days Trip Guide: 12 PAGE 134

12 生と死をリアルに感じる旅

**路上を歩くだけで、もう、身も心もぐちゃぐちゃ?
目の前で焼かれる死体。子供たちの明るい笑顔。
「生」と「死」が混ざり合う、ガンジス河への旅。**

インド
INDIA

7 Days Trip Guide: 13 PAGE 144

13 幸せってなんだ?を肌で感じてみる旅

**国民の9割が「今、私は幸せ」と答える国、
ブータンの小さな素朴な村へ。
心温まる、ほのぼののホームステイ体験!**

ブータン
BHUTAN

7 Days Trip Guide: 14 PAGE 154

14 人生は助け合い！を実践する旅

12の部族が住む秘境、緑豊かなタイの山奥へ。独自の文化を持つ山岳民族の家族と暮らしながら、彼らを支援するボランティアに参加！

タイ
THAILAND

7 Days Trip Guide: 15 PAGE 164

15 悲しみから立ち直るパワーをもらう旅

カンボジアの村でホームステイをしながら、過去の痛みと、現在の活気をリアルに体験。悲しみから立ち直るパワーをもらう旅！

カンボジア
CAMBODIA

7 Days Trip Guide: 16 PAGE 174

16 地の果てで暮らしてみる旅

人類が暮らす最北の町へ。北極に一番近い島、スピッツベルゲンで、極地の自然に包まれて、地の果てライフを満喫！

ノルウェー
NORWAY

7 Days Trip Guide: 17 PAGE 184

17 女に生まれた幸せを満喫する旅

今宵は、女に生まれた幸せを満喫したい！スペインの宮殿や城に泊まって、豪華ディナー。一生の思い出になる、お姫様体験！

スペイン
SPAIN

7 Days Trip Guide: 18 PAGE 194

18 楽しい未来をのんびりと描く旅

人生最高のお散歩！ヨーロッパ版のお遍路へ。スペインの田舎道をひたすら歩きながら、楽しい未来をのんびりと描いてみよう。

スペイン
SPAIN

contents

19 人間の素晴らしさと恐ろしさを知る旅

人間という生物を、もう一歩深く理解するために。ポーランドの美しい街で、人類史上最大の悲劇、アウシュビッツ収容所を見つめる旅。

ポーランド
POLAND

7 Days Trip Guide: 19 PAGE 204

20 俗世から離れてみる旅

京都のお寺に泊まりこみ、本格的な座禅体験！騒がしい日常を離れ、プチ出家の旅に出て、たまには、ひとり静かに、自分に向き合ってみよう。

京都
JAPAN/KYOTO

7 Days Trip Guide: 20 PAGE 214

21 心も身体もリセットする旅

体重6キロ減れば、確かに人生変わるかも？日本一の断食道場で、6泊7日の断食体験！心も身体も、芯からスッキリさせる旅！

伊豆高原
JAPAN/IZU

7 Days Trip Guide: 21 PAGE 224

22 生命力をアップ！する旅

自給自足の生活を、実際に体験してみたい人へ。手作りエコビレッジで、沖縄の自然を満喫！人気の自給自足体験キャンプに参加！

沖縄
JAPAN/OKINAWA

7 Days Trip Guide: 22 PAGE 234

23 男をギンギンに磨く旅

草食系男子？ やっぱり、男は肉食でしょ！最強の焼肉&最強の女を制覇しながら、日本列島を駆け巡る、究極の男磨きの旅！

日本列島
JAPAN

7 Days Trip Guide: 23 PAGE 244

7日間+αの旅
7 DAYS PLUS α

7 Days Trip Guide: 24 PAGE 256

24 ナウシカになる旅

ナウシカのように、強く優しくなりたい人へ。世界一高所にある舗装道路を走り抜け、風の谷のモデルになった桃源郷でピクニック!

中国&パキスタン
CHINA&PAKISTAN

7 Days Trip Guide: 25 PAGE 266

25 無敵の自信をゲット!する旅

これを完走できたら、無敵の自信が生まれます。灼熱の砂漠を走り続ける、究極の体力勝負。世界一過酷なサハラマラソンへ挑戦!

モロッコ
MOROCCO

7 Days Trip Guide: 26 PAGE 276

26 鳥人間?になってみる旅

仕事は辞められないけど、やっぱり、一度は世界一周してみたいぜ! という人へ。世界一周航空券で行く、格安&超弾丸世界一周プラン6!

世界一周
WORLD JOURNEY

Travel Information: PAGE 289

ツカえる旅情報ノート

- まずは、これが基本! 航空券を安く買うためのテクニック集
- 若さを活かせ! 学生・若者限定のお得な割引情報
- 時は金なり! 旅を7日間に収めるための時間短縮術
- ツカえる旅情報はここで! 旅の準備に使えるリンク集
- 挨拶と笑顔があれば大丈夫! 世界8言語の挨拶集

7日間で人生を変える旅

7 DAYS TRIP GUIDE

編集：A-Works

TRIP: 01 / 常識を破壊する旅

アメリカ・ネバダ州
USA / NEVADA

極楽砂漠で過ごす、ありえない1週間。世界一過酷で、世界一美しいフェス、バーニングマンを楽しもう!

ネバダの砂漠で繰り広げられる超巨大ファンキー芸術祭、バーニングマン・フェスティバル!　暴力的に照りつける太陽の下、雄大なネバダ山脈&地平線が広がる大地、まわりには百花繚乱のアートと音楽と悪ふざけが広がる。夜には、怖いくらいに巨大な月と、ミルクをこぼしたかのような天の川が空を覆い、24時間なにかしらの音がガンガン鳴り響き、レーザービームが闇を照らす。踊り狂う人々。そして、ときどき砂嵐や雷雨といった自然の猛威…。超ファンキーハイテンションな1週間。そこは極楽か、はたまた地獄か…。その圧倒的なパワーに触れ、自分を縛りつけている何かをぶっ壊そう!

TAKE OFF YOUR FRAME

〜くだらない常識にグッバイ！〜

常識というものは、従うものではない。
自分たちで、新しく創り上げるものである。

架空の都市が、砂漠に現れる

アメリカ・ネバダ州の北西に位置するブラックロック砂漠。見渡す限り広がるこの巨大な乾いた灰色の大地に、毎年夏の終わりに1週間ぶっ通しで、レイヴ&アート&パフォーマンス溢れる超巨大ファンキーフェスティバルが繰り広げられる。その名もバーニングマン（Burning Man）！

バーニングマンは、ただのイベントではない。会場は砂漠のド真ん中。フェスティバル期間中は、外部とシャットアウトされた特別なエリアが出来上がり、そこは架空の都市「ブラックロック市」と呼ばれる。つまり、1週間限定の街が、砂漠に突如現れるというわけだ。フェスティバル参加者は、なんと5万人！　期間中のブラックロック市はネバダ州で3番目に大きな人口を持つと言われている。

すべて自己責任のサバイバル!

市民となる参加者は、テントやキャンピングカーを持ち込み、そこを住居＝アジトとする。食料や水も、すべて自己責任。自分たちで必要なものを用意し、砂漠という過酷な環境の中、生き抜いていく。まさしくサバイバルだ。しかも、エリア内には貨幣経済は存在しない。お金での売買が一切禁じられるのだ。見返りを求めないシェア精神で成り立っている。欲しいものがあれば、もらう。物々交換もフツーに行われている。あんなに大切だったお金が、ここではなんの役にも立たないのだ。

MOM

TRUTH

THE
END

Rookery

Spiritual
Intuitive
Qi-Gong
Healing
Shaman
Talk 2 Me
Te'Devan Kurzweil

全員が表現者となる自由空間!

ここではすべてが自由だ。もちろん、人として最低限レベルのルールは守るにしても、基本的には何をやってもOK！　ただし、大きなポイントがひとつある。それは「No Spectator（傍観者になるな）」。何もしない見るだけの客にはなるな、という強いメッセージが存在しているのだ。つまり、参加者全員が表現者！

そのメッセージに同調した参加者たちにより、会場内は、巨大なオブジェや強烈なアート作品、爆音をガンガンに流すサウンドシステム、夜空に向けて四方八方にのびるレーザー光線、サイケデリックにデコレーションされたバス、UFO型の奇妙な車…数え切れないほどの作品が展示されている。表現のカタチは、大がかりなものだけではない。レイブパーティ、ヨガ、大道芸、演劇といったパフォーマンス系のものから、全身にお経を書いて耳なし芳一状態の全裸女性や、フルメイク&ミニスカート姿のおっさん、灼熱の砂漠でバッチリスーツ姿でキメたサラリーマン、がむしゃらにヌンチャクを振り回すアジア人、全裸亀甲縛りで佇む日本人女性…そんなファンキーコスプレ系も数え切れない！　そして、暑いからだろうか、とにかく全裸の人が多い。フツーだと思っていたTシャツ&ジーンズも、ここではすっかり異常!?　常識って一体なんなんだ…と、これまでの概念がぶっ飛んでしまう不思議空間が広がっている。

そこは極楽か、はたまた地獄か

最終日、会場の中心にそびえ立つバーニングマンのシンボル・約15mの木製の像「ザ・マン」に火を放ち燃やすのだ。轟々と立ち上る炎。まるで生きているかのように激しく揺れ、空高くのびていく。音楽が爆音で流れ、まわりを囲む人々は、両手をあげて叫び、踊り狂う。歓喜と狂気が溢れかえる信じられないくらいのトリップ感の中、ザ・マンは燃え尽き、ファイナルを迎える。

地球上に、バーニングマン以上に狂った場所はない。
そこは極楽か、はたまた地獄か。衝撃のファンキーフェスティバル、その圧倒的なパワーは、あなたの既成概念をぶっ壊すに違いない。

旅の予算
Budget

総予算 14万円～

※5泊7日／成田からの往復航空券・ホテル2泊・レンタカー4日分・入場料込み（食費・一部交通費除く）

総予算内訳

航空券の目安　10万円～

＊成田～ロサンゼルス乗り継ぎ～リノ（デルタ航空／エコノミークラス往復）＝10～15万円

国内での移動の目安（レンタカー）　4万円～

＊リノから、フェスティバル会場であるブラックロックデザートまでをレンタカー利用し、4日間で行った場合＝4万円～　※1台（5名定員）の料金、総予算には1名分を計上。

ホテル代金の目安　1泊7千円～

＊バーニングマン前後、リノで3つ星ホテルに宿泊した場合。
※1部屋（2名利用）の料金、総予算には1名分を計上。

バーニングマン入場料　2万円～

＊発売当初は2万円だが、開催が近づくにつれ高くなっていく。

旅のシーズン
Best Season

バーニングマン・フェスティバルは、毎年、8月の最終月曜日～9月の第1月曜日（米国の祝日「Labor Day」）に開催される。最終日は基本的に撤収日となるので、本格的なイベント開催は実質1日前までとなる。フェスティバルは終盤にかけて盛り上がっていくので、1週間の旅の場合は、できれば最終日まで滞在できるよう予定を組もう。

行き方
How to get there

日本からはロサンゼルスやソルトレークシティーなどで乗り継ぎ、リノへ。そこからレンタカーやシャトルバスにて、約3時間かけて、バーニングマン・フェスティバルが開催されるブラックロックデザートへ。

旅の手配
Arranging the trip

事前に必要となる手配は、バーニングマン・フェスティバルの入場券、会場までの交通手段、前後の宿泊。宿泊やレンタカーは日本語サイトで手配が可能だが、フェスティバル入場券の購入やシャトルバス手配は英語サイトからとなる。現状では、こういった自己責任が前提となるイベントへの日本からのツアーはない。英語サイトで入場券を購入して行くのが現実的な手段だ。また、こちらも英語のみのサイトにはなるが、サンフランシスコからのバスツアーも出ているので、参考にしてほしい。

バーニングマン入場券の購入

ⓘ［Burning Man］www.burningman.com

リノからのシャトルバス手配

ⓘ［BURN CLEAN PROJECT］www.burncleanproject.org（BIOBUS SHUTTLE）

サンフランシスコからのバスツアー

ⓘ［GREEN TORTOISE ADVENTURE TRAVEL］www.greentortoise.com
（Adventures→Festival and Fairs→Burning Man）

宿泊
Accommodation

宿泊は到着日と帰国前日のリノでの２泊。リノには３つ星クラスのホテルを中心にいくつか軒を連ねている。旅の予算を少しでも軽くしたい人はモーテルなどがいいだろう。フェスティバル参加中は、レンタカーの車内泊や、キャンピングカー、テントを張ってキャンプなどになる。キャンプ道具を用意して行こう。なお、バーニングマン前後のリノ泊は混み合うことが予想されるので、早めに手配しておこう。

オススメのホテル

Atlantis CASINO Resort SPA　www.atlantiscasino.com
リノ中心地繁華街から車で約10分、空港からは約15分の距離に位置し、カーソンシティーやタホ湖が近い。部屋も小綺麗なので、モーテルなどはちょっと…という人にはオススメ。

旅のヒント
Hints for the trip

- バーニングマンは、参加者全員が表現者。ただ見るだけ、写真を撮るだけという姿勢ではなく、何でもいいので、ひとりの表現者として参加するという思いで準備し、心から楽しもう。
- 入場チケットは、開催日が近づくにつれ値段が上がっていくので、早めの購入を。入場チケットさえ手に入れておけば、その後に、諸々の装備をゆっくりと準備できる。もし、リノ到着後に忘れ物があったとしても、周辺にはスーパーやアウトドアショップもあるので購入可能。
- 会場となるブラックロックデザートは、日中は日差しがとても強く、気温は40℃を超えるが、夜は冷え込み10℃以下になることも。防寒の用意と体調の管理に気をつけよう。また、雷雨や砂嵐に襲われることもあるので、滞在するには過酷な条件に耐えうる十分な装備が必要。
- 現地発着のツアーに参加しない場合、水や食料など、滞在中に必要なものはすべて自分で用意しなければならない。ソフトドリンクや氷ぐらいは現地調達可能だが、基本的に金銭のやりとりが禁止されているので、必要と思われる物はすべて持参しよう。また、ゴミはピーナッツの殻一つ落とさずすべて持ち帰ることが大原則となっている。
- 舞台は砂漠。常に砂埃が舞っている状態なので、カメラなどの精密機器はビニール袋に入れるなどの対応を。またテント内に置く物は、フックにかけ、宙に浮かせておかないと砂まみれになってしまうので注意。
- フェスティバル中に困ったことがあれば、巡回しているレンジャーや保安官に相談しよう。

スケジュール例
Example Itinerary

1日目▶成田発～ロサンゼルス又はソルトレークシティー乗り継ぎ～リノ着【リノ泊】
2日目▶AMブラックロックデザートへ移動（約３時間）
　PMバーニングマン参加【ブラックロックシティ泊】
3日目▶終日バーニングマン参加【ブラックロックシティ泊】
4日目▶終日バーニングマン参加【ブラックロックシティ泊】
5日目▶終日バーニングマン参加、夜はリノへ移動（約３時間）【リノ泊】
6日目▶リノ発～ロサンゼルス又はソルトレークシティー乗り継ぎ～成田へ
7日目▶成田着
※最終日は撤収作業のみの予定。毎年の予定を確認しよう。

+3日あったら…
+3 more days?

あと３日プラスできるなら、バーニングマンに初日からクライマックスまでフルで参加し、世界一過酷で世界一美しい、超ファンキーな日々をおもいっきり楽しもう。「せっかくだから、もう１箇所行き先を増やしたい!」という人は、レンタカーで以下の都市まで行って滞在するのもいい。
ラスベガス＝８時間（9時間）／サンフランシスコ＝４時間（７時間）／ロサンゼルス＝８時間（11時間）　※時間はリノからの目安。（　）内はブラックロックシティからの目安所要時間。

TRIP: 02 / 自分を取り戻す旅

02 アメリカ・セドナ
USA / SEDONA

世界中のセレブに愛される癒し空間へ。地球のエネルギーを感じて、自分を取り戻す旅。

大昔から、ネイティブアメリカンの聖地として崇められていたアリゾナの秘境・セドナ。ここは、地球のエネルギーが湧き出ている場所＝ボルテックスが数多く存在し、「人生を変える真のパワースポット」として、世界中の人々を魅了している。青い空と赤い岩山…美しく偉大な自然に囲まれたこの地で、目に見えない不思議な力を感じ、その神秘的な力からインスピレーションを受ける人も多い。ある者は癒され、ある者は真の自分に気付く…。不思議なエネルギーを持った奇跡の街、セドナで、地球を感じながら、身も心もリフレッシュさせ、本当の自分を取り戻してみては？

TALK WITH YOURSELF

〜透明な気持ちで、自分自身と話してみよう〜

あなたが生まれたとき、
周りの人は笑って、あなたは泣いていたでしょう。
だからあなたが死ぬときは、
あなたが笑って、周りの人が泣くような人生をおくりなさい。

ネイティブアメリカンの教え

美しきアリゾナの宝石・セドナ

フェニックス空港から続くまっすぐな道を、車で２時間あまり北上すると、旅の舞台・セドナに到着する。抜けるような青い空を背景に、赤い岩山があたりを囲み、美しい清流が流れる。街中に広がる独特な空気は、「味がするのではないかと思うほど美味しい」という声が聞かれるほど。セドナは、全米一美しい街と称えられ、世界中の人々を魅了し、マドンナやレオナルド・ディカプリオといった世界中のセレブや、様々なアーティストがこの地を訪れ、別荘を持ったり住みついたりしていると言われている。あのウォルト・ディズニーもセドナに別荘を持ち、作品を生み出すインスピレーションを得ていたそうだ。

地球一の究極のパワースポット

セドナは、ただ美しいだけではない。古来よりネイティブアメリカンの聖地であり、聖なる儀式を行う祈りの場であったのだ。神々の世界と現実世界を繋げる戸口がいくつもあると言われていて、地球一の究極のパワースポットとの呼び声も高い。
周囲に広がる岩山には「ボルテックス」と呼ばれる地球のエネルギーが渦を巻くように湧き出ている場所が点在していて、その数は20数箇所、小さいものも含めると400を超えるとも言われる。中でも特別なエネルギーが溢れていると言われているのが、エアポートメサ、ベルロック、カセドラルロック、ボイントンキャニオンの４大ボルテックスだ。ボルテックスから湧き出るエネルギーは、男性的なものと女性的なものがある。男性的なエネルギーが強いのは、エアポートメサとベルロック。大地から天へと繋がるこのエネルギーは、身体と心を活気づけてくれる。逆にカセドラルロックは、女性的エネルギーが強く、天から自分の内へと繋がるエネルギーで、身体と心を調整、浄化してくれる。ボイントンキャニオンは２つのエネルギーが交ざり合っていると言われている。

AIRPORT MESA / エアポートメサ

街中心部から最も近いボルテックス。入口から頂上までは10分ほどで、頂上からは、セドナの街並みやベルロック、ディズニーのビッグサンダーマウンテンのモデルとなったサンダーマウンテンを一望できる。男性的なエネルギーが強いので、パワーが溢れてくるのを感じるはずだ。サンセットタイムが特に美しく、幻想的な景色が広がる。

BELL ROCK / ベルロック

セドナの入口に位置する山。ベルの形をしているので一目でわかる。ここは男性的なエネルギーが強く、決断を促し、勇気を与えるエネルギーが渦巻いていると言われている。迷いや不安がある人は、ベルロックに登って瞑想すれば、新しい道を見つけることができるかもしれない。

CATHEDRAL ROCK / カセドラルロック

ゴシック建築の教会のような形をしていることから大聖堂＝カセドラルと呼ばれている。頂上付近までの登山は1時間ほどかかるが、そこからの絶景は格別。ぜひ早朝に登り、最高のサンライズを味わってほしい。女性的エネルギーが強いので、優しく温かいエネルギーに包まれ、心が安らぐはずだ。

BOYNTON CANYON / ボイントンキャニオン

男性、女性の２つのエネルギーが交ざり合っているボルテックス。複数の岩山で形成されていて、最も神聖な場所でパワーが強いと言われている。今でもネイティブアメリカンたちが祈りの場として訪れている。ここで瞑想をし、「自分の前世が見えた」という人もいる。

目に見えない不思議な力

これらのボルテックスを歩きながら、赤い岩山と対峙していると…心が解放され軽くなった、自分の内なる声が聞こえた、電気が走るような感じがした、自然に涙があふれてきた、異常に眠くなった、高熱が出た、信じられないほどの爽快感に包まれた…といった説明のつかない不思議な体験をする人が数多く存在する。もちろん、何を感じるかは人それぞれだが、きっと、ボルテックスを歩けば、普通ではない特別なものを感じるはずだ。

奇跡の大地で、母なる地球のエネルギーに触れ、すべてをリフレッシュし、新しい自分が目覚めるのか。それとも、心の声に耳を傾け、本当の自分を確認するのか。「スピリチュアル」という言葉を使うと難しいかもしれないが、肩の力を抜いてリラックスし、母なる地球のエネルギーに触れながら、自分に向き合ってみよう。その経験は、あなたの人生を変えるきっかけになるかもしれない。

旅の予算
Budget

総予算 13万円〜

※5泊7日／成田からの往復航空券・ホテル5泊・レンタカー6日分込み（各種アクティビティ、食費除く）

総予算内訳

航空券の目安　10万円〜

＊成田〜サンフランシスコ乗り継ぎ〜フェニックス（ユナイテッド航空／エコノミークラス往復）＝10〜15万円

国内での移動の目安　5万円〜

＊フェニックスからセドナまでをレンタカー利用し、6日間で行った場合＝5万円〜
※1台（5名定員）の料金、総予算には1名分を計上。

ホテル代金の目安　1泊7千円〜

＊3つ星ホテルに宿泊した場合。
※1部屋（2名利用）の料金、総予算には1名分を計上。

旅のシーズン
Best Season

1年のうち300日くらい晴れると言われているセドナ。7〜9月の雨季（モンスーン期）には1日に何度か激しく雨が降る。またセドナにも四季があり、冬の朝晩はかなり冷え込み、夏は日中40℃になることもある。直射日光が非常に強いので注意が必要。春か秋が最も過ごしやすいが、年間を通して楽しむことができる。

行き方
How to get there

日本から、サンフランシスコやロサンゼルスで乗り継ぎ、フェニックスへ。そこからレンタカーかシャトルバスに乗って、約2時間でセドナに到着。ただし現地には公共交通手段がほとんどなく、タクシーも街中で拾うことができないので、車がないと移動がかなり不便。レンタカーでの移動をオススメする。

旅の手配
Arranging the trip

個人手配で行くのであれば、宿泊ホテルやレンタカーを事前に手配しよう。日本語サイトで手配可能。また現地ではスパやマッサージ、ネイティブアメリカンの聖なる儀式、サイキックリーディングなども体験できるので、興味があれば、事前に予約を入れておこう。セドナを目一杯堪能したいと思う人は、セドナに詳しいガイドや通訳が付くツアーを申し込むか、セドナに詳しい旅行会社に手配を依頼しよう。本書でオススメする旅行会社は添乗員同行のツアーから現地の細かい手配まで代行してくれる「Ism」。セドナで見たい場所、やりたいアクティビティなどを相談しながら手配してもらおう。

［Ism］　www.shogai-kando.com

［セドナ商工会議所観光局］　www.visitsedona.com（右上の国旗マークで日本語サイトへ）

宿泊
Accommodation

セドナには安価なモーテルから高級リゾート、ロッジやキャンプ、一軒家のハウスレンタルまで様々な宿泊施設が揃っている。予算と希望に沿って選ぼう。滞在日数が短いので、宿泊は1箇所にして、そこを拠点にいろいろと散策するのがオススメ。

オススメのホテル

Southwest Inn at Sedona　www.swinn.com

カセドラルロックに最も近いベッド&ブレックファースト。本書でオススメしている山頂でのサンライズを見るのにも非常に便利な立地。全室に暖炉があり、小規模な宿でとても落ち着いて滞在できる。街へも近いので食事や買い物にも行きやすい。

旅のヒント
Hints for the trip

- 夏でも朝晩の寒暖の差が激しいので、行く時期の平均最低気温と最高気温をチェックして、いずれの気温にも対応できる服を用意しよう。上着などを持って行き、温度調整するのがいい。
- 現地での公共交通はあまり充実していない。移動もすべて含まれるツアーに参加するというのもアリだが、自由に動きたいのであれば、やはりレンタカーが便利。
- 街でマウンテンバイクのレンタル店があるので、サイクリングを楽しむのも面白い。
(Absolute Bikes：www.absolutebikes.net)
- 砂漠地帯で乾燥しているので、脱水症状に注意が必要。水分補給を心がけよう。
- 地球からあふれ出るエネルギーの影響で、体調に変化が出る人も。苦しいと感じることがあったら、無理はしないようにしよう。

スケジュール例
Example Itinerary

- **1日目▸** 成田発～サンフランシスコ乗り継ぎ～フェニックス着、着後セドナへ移動（約2時間）【セドナ泊】
- **2日目▸** AMエアポートメサ、PMベルロック【セドナ泊】
- **3日目▸** AMカセドラルロック、PMフリー【セドナ泊】
- **4日目▸** AMボイントンキャニオン、PMフリー【セドナ泊】
- **5日目▸** 終日フリー【セドナ泊】
- **6日目▸** セドナからフェニックスへ移動、フェニックス発～サンフランシスコ乗り継ぎ～成田へ
- **7日目▸** 成田着

+3日あったら…
+3 more days?

グランドキャニオンやモニュメントバレー、アンテロープキャニオンへの日帰りツアーもあるし、セドナの街中にも楽しみ満載！　マウンテンバイクや乗馬、でこぼこ道を激走するジープツアーなどのアドベンチャーアクティビティも多数。ネイティブアメリカンの聖なる儀式「スウェットロッジ」や、サイキックリーディングなどスピリチュアルな体験も！　すべて街中のツアー会社で手配可能。また、アートギャラリーやネイティブアメリカンのジュエリーショップなども多く、ショッピングも楽しい。

TRIP: 03 / 静かで平和な時間を満喫する旅

03 アラスカ ALASKA

美しい氷河に囲まれた秘境アラスカの海へ。シーカヤックで、神秘の海を自由に放浪しながら、静かで平和な時間を満喫しよう。

ほとんどと言っていいほど、人が訪れない地…。アラスカのキーナイ・フィヨルド国立公園のフィヨルドの奥地には、まだそんな場所が数多く残っている。人が住んでおらず、住人は野生動物のみ。周囲には切り立つ山々と数多く流れ落ちる氷河。そんな大自然の中にベースキャンプを設営して、シーカヤックで周囲を巡ってみよう。大きなボートや飛行機ではなく、自分の腕力のみが頼りのシーカヤック、つまり自然と最も距離の近い方法で、雄大なアラスカに挑んでみよう。日常に溢れる電気やガソリンを用いた生き方とは違う、人間の本来の姿に気付かされるはずだ。

BLUE & WHITE WORLD
〜あなたの知らない、青と白の世界にようこそ〜

静かな海をゆっくりとマイペースでパドルする。
それほど、平和で、満ち足りた時間を、
僕は味わったことがない。

アラスカ最大の都市アンカレッジから、港町スワードへ

アラスカの玄関口・アンカレッジに飛行機で降り立ち、車に乗って約４時間で港町スワードに到着する。雄大な山々の景色が広がるアンカレッジから南下するにつれ、どんどん大自然の中へと進んでいることを実感するだろう。車窓から見える景色だけでも、今まで見たことのない大自然のスケールを感じるはずだ。人の多い日常の喧噪から、ほとんど人の姿を見ない地に到達すると、胸は踊っているが、なぜか不安な気持ちがよぎる。でも、もう後戻りはできない。さぁ、キーナイ・フィヨルド国立公園の奥地、ノースウェスタンフィヨルドへと向かおう！

スワードからボートでキャンプサイトへと向かう

スワードで１泊した翌朝、いよいよ海へと向かう。まずは港からチャーターボートでノースウェスタンフィヨルドへと向かう。この旅の目的地ではないが、この短いクルーズだけでも充分な衝撃があなたを待っている。空を見上げてみよう。そこには鷲やツノメドリなど様々な海鳥が出迎えてくれる。海を見下ろしてみよう。そこには、アシカ、トド、シャチ、クジラといった海の動物たちを目にすることができる。いよいよ動物たちだけが住む地へ向かっていることを強く実感する。

キャンプサイトに到着。電気、ガスのある生活にさらば!

遂にノースウェスタンフィヨルドに到着だ。人と荷物、そして、その後の唯一の「交通手段」となるカヤックを降ろすと、早々にボートはスワードへと戻って行く。いくつもの氷河が流れ落ち、周囲に人の痕跡がまったくない入り江に置き去り（?）にされても、大丈夫。まずは、同行しているガイドと協力して、これから数日間の家となるキャンプサイトを作ろう。日常では、人間がこの惑星で最も強大な権力を握っているかの様だが、ここではその立場は逆転する。大きな氷河が何千年の時を経て海に落ちる轟音、普段は愛くるしく感じる動物たちの鳴き声も、なぜか恐ろしく聞こえてくる。そう、人間は、自然の中に取り残されると無力に近い。これから、未知なる体験の始まりだ。

シーカヤックで漕ぎだそう!

いよいよ旅の目的、シーカヤックが始まる。幾筋も流れ落ちている氷河、氷河の後退で削りえぐられた崖、あたりを囲むアラスカの木々…そんな大自然の真ん中で、パドリングスタート！　聞こえるのは風の音とパドリングの音のみ。雑音にまみれた日常に比べると、文字通り、別世界だ。
氷河から流れ落ちた「Bergy Bits」と呼ばれる小氷山を避けながら、ガイドが様々なスポットへとのんびりと誘導してくれる。エンジン付きのボートからの遊覧とは違い、機械音をまったく発しないカヤックだからこそ、自然との一体感は格別。
海の潮の香り。氷河に削り取られてできた切り立った崖のフィヨルド。そこに棲息する野生動物たち。そして、突然聞こえる氷河が崩れ落ちる雷のような轟音や、ザトウクジラが潮を噴き上げる息吹…。様々な音に驚きながらも、静かな海をゆっくりとマイペースでパドルしていると、ゆるやかに、平和な時間が流れ始める。そして、最初はちょっと怖く感じた自然も、段々と様々な表情を持っていることに気が付くはずだ。そう。自分が自然という大きな枠組みの小さな一員だということを強く実感するだろう。

白夜のトワイライトキャンプも格別

街での生活に比べ、キャンプ地の１日の終わりは早い。自然のサイクルに従い、日の出とともに始まり、日暮れとともに終わる…と言いたいところだが、アラスカの夜は一味違う！　旅をする夏のシーズンは、夜中になっても日が落ちず、ずっと薄暗い「トワイライト」状態が続く。北の空はずっと明るく、夕焼けが続き、そのまま朝焼けになり、夜が明けていく。
いつまでも明るいキャンプ地で、圧倒的な大自然に包まれながら、「なにもないのに、すべてがある」という贅沢な気持ちを、不思議な白夜体験とともに味わってみてほしい。

別れの時

毎日パドリングしながら周囲を散策する日々は、あっという間に過ぎてしまう。最終日、自分がその地にいた痕跡をすべて片付けて、ボートの迎えが来るのを待つ。たった３日しかいなかったが、濃密な自然との時間は忘れがたいものになっている。自分の内にある、人間本来のあるべき姿が自然とリンクしているのか、またここに「帰って来たい」という後ろ髪を引かれる思いが込み上げてしまう。日常に疲れたら、またここに来たらいい。きっと、またパワーを貰えるから。

旅の予算
Budget

総予算 29万円～

※5泊7日／成田からの往復航空券・シーカヤックキャンプ込み（一部食費、ガイドへのチップ、一部国内交通費除く）

総予算内訳

航空券の目安　14万円～

＊成田～シアトル乗り継ぎ～アンカレッジ（ユナイテッド航空／エコノミークラス往復）＝14～18万円

現地発着ツアー代金の目安　15万円～

＊アンカレッジ2泊、スワード1泊、アンカレッジ～スワード間のバスでの移動、2泊3日ガイド付きシーカヤックキャンプ、キャンプ中の食事が含まれたパッケージツアーの金額。

旅のシーズン
Best Season

本書で紹介したツアーは5月下旬～9月初旬あたりまで催行される。一般的なアラスカの夏の時期で、多くのツアーがこのあたりに実施されている。この時期、夜はなかなか日が落ちず、夜中になっても少し薄暗い「トワイライト」状態が続く。この白夜体験もとても興味深い。

行き方
How to get there

日本からアラスカの玄関口・アンカレッジへ直行する定期便は存在しない。夏期にはチャーター便が出ているが、個人旅行での利用はほぼ不可能に近い。シアトルやバンクーバーなどアメリカ西海岸の都市で乗り継いで行くのが一般的。アンカレッジ～スワード間は、公共バスを利用する形での移動となる。

旅の手配
Arranging the trip

今回のような短期間での旅は、シーカヤック、宿、アラスカ内での移動など、出発前にすべての段取りを組んでおく方が確実。またツアーは、毎日出発しているわけではないので、事前の手配は必須。個人手配するには英語サイトからとなるので、不安な人は日本人旅行社に手配を依頼しよう。本書でオススメなのは、アンカレッジを本拠地にアラスカ旅行のスペシャリストとして活躍してきた「HAIしろくまツアーズ」（日本語可）。アラスカを熟知した専門スタッフと相談しながら、自分にとってベストなアラスカ旅行を作り上げよう。シーカヤックキャンプ以外にもアラスカを存分に楽しめる豊富なセレクションを用意している。オフィスはアンカレッジにあるので、問い合わせはメールで行うのがベター。

[HAIしろくまツアーズ]
www.haishirokuma.com / MAIL:hai4690@haishirokuma.com

宿泊
Accommodation

ツアー中の宿泊はキャンプなので手配は必要ないが、ツアー前後のアンカレッジ2泊、スワード1泊の手配が必要となる。予算と好みにあわせてツアーを予約する際に、一緒に手配してもらうのがベター。

オススメのホテル

アンカレッジ **Days Inn Anchorage** www.daysinnalaska.com

アンカレッジのダウンタウンに位置し、アクセスが良いカジュアルなモーテル。いたって普通のモーテルだが、周辺にはレストランや買い物スポットも充実しているので、旅の起点にするには便利。夏のシーズンは1部屋１万５千円から。

スワード **Breeze Inn Seward** www.breezeinn.com

シーカヤックの出発地となる港のすぐ前に建つカジュアルなホテル。繁華街に位置するので、前泊の限られた時間で付近を散策したりするのに便利。

旅のヒント
Hints for the trip

- シーズンが夏であれ、場所はアラスカ。夏でも平均気温が18℃ほどで、日本とは違って肌寒い。朝晩はさらに冷え込むので、防寒具は用意しておこう。
- シーカヤックキャンプの場合、寝袋など就寝具以外の必要最低限のキャンプ道具はパッケージに含まれているから持って行かなくてもOK。とはいえ、キャンプは大自然の中で行われるので、役に立ちそうな便利なキャンプ道具を持って行けば、より快適に過ごせる。
- シーカヤック中の防水ジャケットとズボンは必ず用意しよう。
- サングラス、双眼鏡、カメラ、日焼け止め、夏でも手袋&ジャケット、虫除け（スプレーやネット）&雨具はアラスカ旅行での必須アイテム。
- シーカヤックキャンプは通常グループだと４名から。３名以下の場合は追加料金を払うか、出発日が指定されているツアーに申し込む必要がある。いずれにしても定員が限られているし、大人数での参加は受け付けていない。確実に参加するためには、早めに手配しておこう。
- シアトル・アンカレッジ間やバンクーバー・アンカレッジ間といったフライトは、ビジネス路線のため、結構混み合っている。観光客が加わる夏は特に混み合うので、航空券は早めに確保しよう。
- アラスカのツアーやホテルは、早い段階からキャンセル料がかかるので、一度予約を入れるとキャンセルはしにくい。ツアーやホテルを手配する前に、フライトの空き状況も必ず確認しておこう。
- シーカヤックキャンプの場合は、悪天候でボートが湾から出せないことなどが稀にあり得る。そういう自然現象により、日程が変更される場合もあることを理解しておこう。

スケジュール例
Example Itinerary

1日目▸ 成田発～シアトル乗り継ぎ～アンカレッジ着、手配したホテルへ移動【アンカレッジ泊】
2日目▸ AMバスに乗ってスワードへ、夕方に市内のオフィスにてカヤックガイドから説明を受ける【スワード泊】
3日目▸ AMボートにカヤックを積んで氷河のある湾へ、PMシーカヤック【テント泊】
4日目▸ 終日シーカヤック【テント泊】
5日目▸ AMシーカヤック、PMボートに乗ってスワード、バスに乗ってアンカレッジへ【アンカレッジ泊】
6日目▸ アンカレッジ発～シアトル乗り継ぎ～成田へ
7日目▸ 成田着

+3日あったら…
+3 more days?

アラスカには様々な大自然と対峙できるアクティビティが豊富に揃っているので、アンカレッジを起点に好みのアクティビティを追加しよう。例えば、小型飛行機で北米最高峰マッキンリー山を見に行くツアー、カトマイ国立公園やリダウトベイなどに行くブラウンベアーウォッチング、北極圏の村を訪れるツアーなどがある。またデナリ国立公園もとても人気のある公園だ。

TRIP: 04 / 地球サイズの視野を手に入れる旅

04 アラスカ ALASKA

水上飛行機に乗って、アラスカの原生林へ。無人の荒野でサバイバルしながら、地球サイズの巨大な風景と一体化してみよう。

国立公園と言えば、大半の公園は車で巡る旅になるが、アラスカではそんなスケールの小さな自然の味わい方はしない。水上飛行に乗り込み、デナリ国立公園の奥地へ。周囲は人の暮らす地どころか陸路もまったくない、熊が主な住人というまさに大自然のど真ん中へひとっ飛び!　そこに野営キャンプを設営し、道なき道を歩きながら、とにかく自然に溶け込む以外の選択肢のない4日間が始まる。地球サイズの巨大な風景に包まれながら、旅の仲間やガイドと力を合わせて、無人の荒野でのサバイバルをおもいっきりエンジョイしてみよう。

INTO THE WILD
～冒険者たちよ。進路は荒野へ～

大切なことに気づくのは、
パソコンの前ではなく、いつも青空の下だった。

空港からいきなりマッキンリーの登山拠点へ

アラスカ州南岸のアンカレッジ空港に到着すると、送迎バンに乗り込んで約２時間北上し、タルキートナの街へ。ここはマッキンリー登山の玄関口となる街で、かつて、日本の冒険家・植村直己もここからマッキンリーへ向かい、帰らぬ人となった。
前線基地と呼ばれるだけあって、天気が良ければ北米最高峰のマッキンリーの素晴らしい姿を一望することができる。世界最高峰のエベレストは、標高5148mのチベット高原の上に形成されているのに対し、マッキンリーは約600mの大地からそびえ立っているので、エベレストよりも遥かに大きな山体を持つ。その巨大な物体が目に入った瞬間、「アラスカに来たんだ！」と強く実感するだろう。

翌朝、大自然のど真ん中へ！

いよいよ向かう先は、人の姿どころか道すら見当たらない未開の地。アラスカには、今も、そういった人間が一切開拓していない、地球の生命がそのまま残された土地が多く存在する。そのひとつ、デナリ国立公園の奥地へ、「ブッシュプレーン」と呼ばれる水上飛行機に乗り出発！　機上からは広大なアラスカの景色が広がる。周囲には今まで見たこともないスケールの大きな山々が広がり、眼下には見渡す限りの原生林が広がる。頭では想像できるかもしれないが、実際に目にすると、想像とはまったく異なる情景で、本当に驚いてしまう。山の大きさ、空との距離、大地の色。そこには、本来の「地球」の姿が広がっている。

滞在スタイルは２種類

水上飛行機が、高山の中に佇む池に着陸すると、いよいよ、さっきまで眼下にあった大地に踏み立つ。そこは未開のツンドラ地帯。道路や歩道などは皆無だ。唯一ある道は野生動物の通った跡を示す獣道のみ。

これから３泊４日はこの大地で過ごすのだが、そのスタイルは２種類。ひとつは、ベースキャンプを設営して、同じ場所に３泊しながら周囲を散策するスタイル。これだと日中のトレッキングは、カメラ、水、昼食など最低限の荷物だけで散策ができる。もうひとつは、毎日野営する場所を変えながら常に移動してまわるスタイル。これだとより広範囲に移動はできるが、４日分の荷物をすべて担いでの移動になる。大自然での生活に慣れている人以外は、前者の方が、余裕があっていいのかもしれない。

様々な大地の表情を探して、ひたすら歩こう!

道なきこの大地を、一歩一歩ゆっくりと進む。そう、ここは日常ではないのだ。急いでいろいろとまわる観光とは違い、とにかく、自分の歩きたいスピードで、ゆっくりと自然を感じればいい。カリブー、グリズリーベア、ムース、オオカミといった野生動物との出会い（距離は適度に）、野鳥が舞う大空、そして６月から７月の時期にしか咲かないツンドラ地帯の花々。太古から変わらぬ森や河が広がる景色、大地の先にはそびえ立つ山々、そして流れ落ちる氷河。ひとつひとつを眺める度に、興奮するというよりも、なぜかため息が出てしまう。言葉を使わない自然との会話が始まる。そして、呼吸する度に、自分が「浄化」されている気になってしまう。それほど、ここには人を害するものがないのだ。人の影響を受けていない自然が、いかに美しく、いかに心と身体に良いのかを実感できる。

圧倒的な地球の大きさに包まる

大自然の中を歩きまわりながら、見晴らしのいいスポットを見つけたら、ひと休み。深呼吸をしながら、無になった気分であたりを見渡す。あまりに圧倒的な地球の大きさに包まれて、己の小ささを思い知らされるが、それがなぜかとても心地良い。日本での日常に溢れる悩みや苦しみが、どれだけ小さなことなのか、強く実感するだろう。そして、日本に帰っても、日々の現実に飲まれることなく、この大きな心を失わずに生きていきたい。そんな気持ちで、僕らは、また、歩き始めるのだ。

「写真家　大野成郎撮影」 http://www.geocities.jp/naruoworld/

旅の予算
Budget

総予算 39万円～

※5泊7日／成田からの往復航空券・ホテル1泊・バックカントリーキャンプツアー代金込み（一部食費、ガイドへのチップ、一部国内交通費除く）

総予算内訳

航空券の目安　14万円～

＊成田～シアトル乗り継ぎ～アンカレッジ（ユナイテッド航空／エコノミークラス往復）＝14～18万円

ホテル代金の目安　1泊1万5千円～

＊3つ星ホテルに宿泊した場合。　※1部屋（2名利用）の料金、総予算には1名分を計上。

現地発着ツアー代金の目安　24万円～

＊アンカレッジ～キャンプ地までのバスと水上型飛行機での送迎、3泊4日ガイド付きバックカントリーキャンプツアー、キャンプ中の食事が含まれたパッケージツアーの金額。

旅のシーズン
Best Season

一般的なアラスカの夏は5月中旬～９月中旬の４ヶ月間と言われていて、多くのバックカントリーキャンプがこの時期に実施されている。9月初旬は紅葉の季節となりきれいだが、気温は若干下がり始める。

行き方
How to get there

日本からアラスカの玄関口・アンカレッジへの定期便は存在しない。夏期にはチャーター便が出ているが、個人旅行での利用はほぼ不可能に近い。シアトルやバンクーバーなどアメリカ西海岸の都市で乗り継いで行くのが一般的。

旅の手配
Arranging the trip

今回のような短期間での旅は、バックカントリーキャンプ、宿、アラスカ内での移動など、出発前にすべての段取りを組んでおく方が確実。またツアーは、毎日出発しているわけではないので、事前の手配は必須。個人手配するには英語サイトからとなるので、不安な人は日本人旅行社に手配を依頼しよう。本書でオススメなのは、アンカレッジを本拠地にアラスカ旅行のスペシャリストとして活躍してきた「HAIしろくまツアーズ」（日本語可）。アラスカを熟知した専門スタッフと相談しながら、自分にとってベストなアラスカ旅行を作り上げよう。バックカントリーキャンプ以外にもアラスカを存分に楽しめる豊富なセレクションを用意している。オフィスはアンカレッジにあるので、問い合わせはメールで行うのがベター。

［HAIしろくまツアーズ］
www.haishirokuma.com / MAIL:hai4690@haishirokuma.com

宿泊
Accommodation

基本の宿泊はパッケージに含まれるので、手配する必要はないが、ツアー後の１泊、アンカレッジで手配が必要となる。アンカレッジには、ドミトリータイプのゲストハウスから高級ホテルまで、様々なタイプの宿泊施設があるので、予算と好みにあわせてアレンジしよう。ツアーを予約する際に、一緒に手配してもらうのがベター。

オススメのホテル

Days Inn Anchorage　www.daysinnalaska.com

アンカレッジのダウンタウンに位置し、アクセスが良いカジュアルなモーテル。いたって普通のモーテルだが、周辺にはレストランや買い物スポットも充実しているので便利。夏のシーズンは１部屋１万５千円から。

旅のヒント
Hints for the trip

- シーズンが夏であれ、場所はアラスカ。夏でも平均気温が18℃ほどで、日本とは違って肌寒い。朝晩はさらに冷え込むので、防寒具は用意しておこう。
- バックカントリーキャンプの場合、寝袋など就寝具以外の必要最低限のキャンプ道具はパッケージに含まれているから持って行かなくてもOK。とはいえ、キャンプは大自然の中で行われるので、役に立ちそうな便利なキャンプ道具を持って行けば、より快適に過ごせる。
- サングラス、双眼鏡、カメラ、日焼け止め、夏でも手袋&ジャケット、虫除け（スプレーやネット）&雨具はアラスカ旅行での必須アイテム。
- バックカントリーキャンプは定員が限られているし、大人数での参加は受け付けていない。確実に参加するためには、早めに手配しておこう。
- シアトル・アンカレッジ間やバンクーバー・アンカレッジ間といったフライトは、ビジネス路線のため、結構混み合っている。観光客が加わる夏は特に混み合うので、航空券は早めに確保しよう。
- アラスカのツアーやホテルは、早い段階からキャンセル料がかかるので、一度予約を入れるとキャンセルはしにくい。ツアーやホテルを手配する前に、フライトの空き状況も必ず確認しておこう。
- バックカントリーキャンプの場合、キャンプ地までの最終交通手段は水上飛行機となる。悪天候など自然現象によって飛行機が飛べない場合は、日程が変更される場合もあり得ることを理解しておこう。

スケジュール例
Example Itinerary

１日目▶成田発〜シアトル乗り継ぎ〜アンカレッジ着、送迎車でタルキートナへ移動【タルキートナ泊】
２日目▶AMタルキートナから水上飛行機でタルキートナ山脈に移動、テント設営【テント泊】
３日目▶終日バックカントリーハイキング【テント泊】
４日目▶終日バックカントリーハイキング【テント泊】
５日目▶AM朝食後にテントを撤収し、水上飛行機でタルキートナへ、その後アンカレッジへ移動し、解散【アンカレッジ泊】
６日目▶アンカレッジ発〜シアトル乗り継ぎ〜成田へ
７日目▶成田着

+3日あったら…
+3 more days?

アラスカには様々な大自然と対峙できるアクティビティが豊富に揃っているので、アンカレッジを起点に好みのアクティビティを追加しよう。例えば、小型飛行機で北米最高峰マッキンリー山を見に行くツアー、北極圏の村を訪れるツアー、氷河観光や氷河ハイキングなど。44Pで紹介したシーカヤックもアンカレッジから日帰り、もしくは１泊２日で体験することができる。

TRIP: 05 / 動物たちに癒される旅

05 カナダ
CANADA

カナダの山奥で130頭の犬と一緒に暮らす、究極のシンプルライフ体験。極北の地で犬ぞりボランティアに参加！

古の昔から継承されてきた伝統的な交通手段「犬ぞり」。車やスノーモービルなどがなかった時代は重要な存在であった。文明が発展すると共にその役目を終えたが、この貴重な文化を後生へ残すべく活動を続ける人がいる。彼の名はフランク。マイナス10℃以下の極寒の世界で1日160kmを10日間走り続ける、世界一過酷でリタイヤが続出する世界最高峰の犬ぞりレース「ユーコンクエスト」の優勝者だ。優勝は確かに素晴らしい栄誉だが、彼の凄い所は、1頭の脱落もなくレースを完走したこと。そして、そんな彼だから、皆から慕われ、世界中からボランティアスタッフが集まるのかもしれない。カナダ北西に位置するユーコン準州のホワイトホースにあるロッジに宿泊し、フランクが犬を飼育しているケンネル（犬舎）で、ボランティアスタッフと共に犬たちの世話をする。かわいらしくもたくましい犬たち、そしてフランクとの出会いを通して他者への思いやりの気持ちを育もう。

LOVE&SIMPLE
〜シンプルで愛の溢れる時間を〜

一番偉大な愛は母親の愛で、次が犬の愛、その次に恋人だ。
-ポーランドのことわざ-

遠路到達すると、130頭の犬たちがお出迎え！

夏でも平均気温が21℃。飛行機から降り立つのは極北の街ホワイトホース。空港からさらに40分車で移動すると、ようやくこの旅の目的地、約100エーカーもの広大な土地で極北の古の交通手段であった犬ぞりの拘り犬を育てる「マックタックケンネル」に到着する。お出迎えはもちろん、この犬舎の主役である130頭の犬たちだ。力強くそりを引っ張る犬たちは日本で見る犬よりも逞しく、それでいて人懐っこく、愛くるしさいっぱいで、訪れた人を笑顔にしてくれる。これから4日間の犬たちとの濃密な時間が始まることに心が踊る。

翌朝から早速ボランティア

時差ボケも直らない早朝より、さっそく作業は始まる。まず、最初に行なうのが、犬たちへのエサやり。急かす犬たちの合間を縫って、指示された様にそれぞれのコンディションを基に違う量を1頭ずつに与えていく。スタッフの人々は、どんなに遠くからでも130頭を間違わずに見分けられるそうだ。どれだけの愛情を注ぎ、犬たちの言葉に耳を傾けているのかが伺い知れる。その後は、犬の健康チェックや掃除をして、すっかり日が昇った頃に、やっと自分たちの朝食になる。簡単に朝食を済ませると、冬の犬ぞりツアーに向けて体力トレーニング中の犬たちのサポートが始まる。何頭かでチームを作り、バギーを引っ張る。チームをまとめるリーダー犬の育成と、犬の相性などを確認しならトレーニングは進んでいく。冬の犬ぞりツアーに参加したことがある人はいるかもしれないが、トレーニング段階の犬たちに接したことのある人は、それほど多くはいないだろう。この貴重な経験を通して、犬たちから多くのことを学べるはずだ。

極北での暮らし

犬のことを第一に考えて生活を送るオーナーのフランクから、日本では知らなかった様々な生活の知恵を聞くこともこの旅の醍醐味。そして、この地域の料理を味わえるのも貴重な体験だ。新鮮なアークティック・チャー（北極イワナ）やクランベリージャム、先住民族が主食としてきたバノックなど、日本や都会では決して味わえない極北ならではの料理が振る舞われる。食事は犬舎のスタッフたちと一緒に食べるので、彼らから犬たちに関する興味深い話や、冬にはマイナス50℃を下回ることもある極北の暮らしの様子、フランクの世界で最も過酷なレースに参加した時の話などを聞くことができる。それもまた食事中の大きな楽しみだ。

天気が良ければオーロラも!　そして温泉も!

犬舎はオーロラ鑑賞エリアの中にあるので、天気が良く、なおかつ運が良ければオーロラを観られるかもしれない。奇跡の瞬間は、突然訪れる。毎晩、こまめに空を見上げて、宇宙から降り注ぐ奇跡のカーテンを探してみよう！

そして出発前日には、これまでの作業の疲れと汚れをさっぱり落とすために、近くの温泉へ行こう。人生最北の温泉体験になることだろう。一緒に生活を送ってきたボランティア仲間と共に入れば、忘れられない最高の想い出になる。

いつか、極北の大雪原を走り抜けよう!

たった数日だが、犬との濃密な時間を味わうと、そこから離れるのはスゴくツライものになる。そして、家族の一員の様に迎え入れてくれた犬舎のスタッフやオーナーのフランクとの別れもツライ…。気持ちはまるで世界ウルルン滞在記!?　でも一生の別れではない。この犬舎では、ボランティアだけではなく、夏期にはキャンプ、そして冬期には犬ぞりのツアーを行っている。いつか再訪して、自分がトレーニングを手伝った犬たちが引っ張る犬ぞりに乗って、極北の大雪原を走り抜けてみよう。夢のような格別な時間が待っている！

旅の予算
Budget

総予算 34万円~

※4泊6日／成田からの往復航空券・宿泊費等込み（一部食費除く）

総予算内訳

日本発着ツアー代金の目安　33万8000円~

＊成田～バンクーバー乗り継ぎ～ホワイトホース往復航空券、添乗員同行、犬舎「マックタックケンネル」4泊、食事（朝3回、昼3回、夜4回）が含まれたパッケージツアーの金額。

旅のシーズン
Best Season

犬舎「マックタックケンネル」では、年間を通してボランティアやゲストを受け付けている。今回紹介した旅は、添乗員付きのツアーで、1年に1度程度しか催行されていない希少なもの。行きたいと思ったらスケジュールを確認し、予約を入れよう。

行き方
How to get there

日本からはバンクーバーやトロントを乗り継いで、極北の街ホワイトホースへ。空港から犬舎「マックタックケンネル」までは、送迎車に乗って約40分。

旅の手配
Arranging the trip

個人手配で行く場合は、日常会話程度の英語を話せないと問い合わせから日程決め、現地でのボランティアは困難。英語に不安がある人は、旅行会社の主催している通訳付きの体験ツアーでの旅をオススメする。本書で紹介したツアーを主催しているのは「Ism」。カナダを中心に北米で個性の強いコンテンツ溢れたツアーを数多く主催している。

[Ism] www.shogai-kando.com

[犬舎・マックタックケンネル] www.muktuk.com （英語）

宿泊
Accommodation

宿泊はパッケージに含まれるので、手配する必要はない。ツアーでの宿泊は、犬舎のメインロッジのゲストルームか、周囲にある快適なバンガローになる。

オススメのホテル

Muktuk Kennel　www.muktuk.com/bedandbreakfast.html

犬舎に付属したB&B（ベッド&ブレックファースト）。宿泊はメインロッジ内のゲストルームか100エーカーの敷地内に建てられた2つのバンガローのいずれかになる。どちらも木をふんだんに使った建物で極北らしい佇まい。食事は犬舎のスタッフと共に、極北ならではの料理をいただく。

旅のヒント
Hints for the trip

- ボランティアの作業は「汚れる!」のが当たり前。作業をするという意識で服装などを用意しよう。
- 夏とはいえ、日中でも20℃前後。夜はさらに冷え込むので、防寒具は必須アイテム。
- 大自然の中でのボランティア活動になるので、虫除けスプレーなどが役に立つ。日本から持ち込む場合は、圧縮型スプレーは飛行機に持ち込めないので、圧縮型以外のものにしよう。
- あくまでも、これはボランティア。積極的に求められる作業を行う前向きな姿勢がとても大事。
- 犬の命を預かる施設なので、作業は慎重かつ丁寧に、現地スタッフの指示を聞きながら実施しよう。

スケジュール例
Example Itinerary

1日目▶成田発～バンクーバー乗り継ぎ～ホワイトホース着、送迎車で犬舎「マックタックケンネル」へ移動（約40分）【マックタックケンネル泊】

2日目▶AMからボランティア、犬のエサやりや小屋の掃除など犬舎スタッフの指示に従って行う【マックタックケンネル泊】

3日目▶AMからボランティア、犬たちのトレーニングのお手伝い、トレーニング終了後はフリー【マックタックケンネル泊】

4日目▶AMからボランティア、犬たちのトレーニングのお手伝い、トレーニング終了後は温泉へ【マックタックケンネル泊】

5日目▶送迎車でホワイトホースへ移動、ホワイトホース発～バンクーバー乗り継ぎ～成田へ

6日目▶成田着

+3日あったら…
+3 more days?

せっかく極北まで来たのだから、延泊しマックタックケンネルに滞在してはどうだろう。ボランティア以外に、ロッジ滞在やキャンプも行っている。事前に旅行会社に相談して、追加できる楽しみを増やしてみては？　もしくはバンクーバーやトロントでの乗り継ぎがあるので、そこで滞在するのもアリ。

TRIP: 06 / ふたりの愛を深める旅 PART1

06 カナダ
CANADA

極上のロマンチックタイムで、ふたりの愛を永遠に。世界一の観賞率を誇るイエローナイフで、神秘のオーロラを満喫!

奇跡の芸術オーロラは北磁極を中心にリング状に広がる。「オーロラオーバル」と呼ばれるこのリングの真下に位置し、晴天率が高いことから世界一の鑑賞率を誇るカナダ北部の街・イエローナイフ。美しき神秘の光を一目見ようと、この地を訪れる世界の旅人は後をたたない。防寒具に身を包み、凛と澄み切った冷たくも心地よい空気に包まれ、ひたすらに夜空というキャンパスに描かれる色とりどりの光のカーテンを待つ。そして訪れる奇跡の瞬間…。この最高の時間を、愛する人とふたりで過ごしてみないか。夜空の下の極上のロマンチックタイムで、ふたりの愛を永遠のものに——。

WONDERFUL TONIGHT
〜あなたと一緒に、奇跡の夜を〜

愛に燃えるその瞬間が、"永遠"なんだよ。
-岡本太郎『強く生きる言葉』(イーストプレス)-

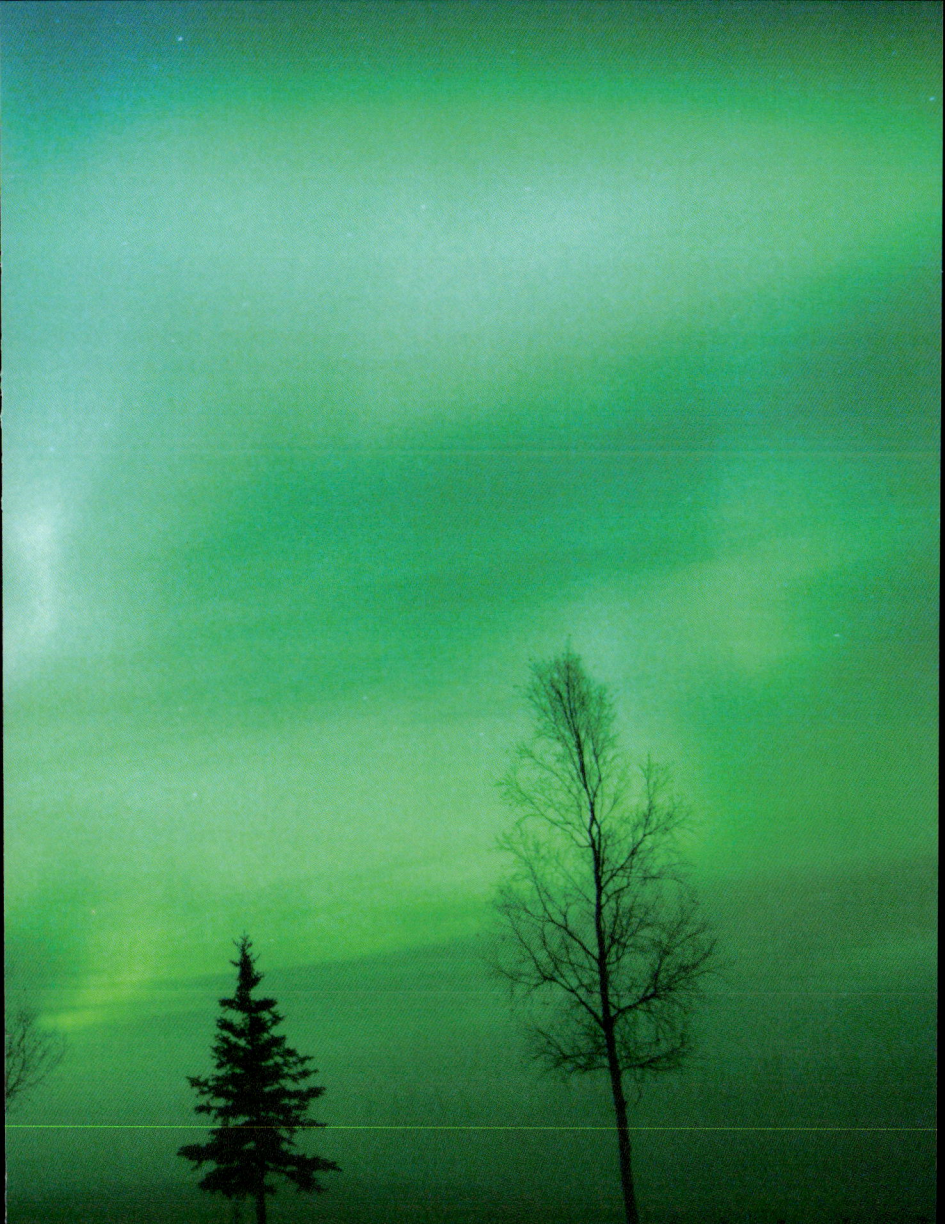

最も大切な旅の条件

一生のうちに一度はオーロラを。そんな夢を持っている人も多いはず。夜空に描かれる色とりどりの神秘の光。その美しさはまさに地球の芸術だ。
もちろん、ひとり旅でのオーロラ観賞だって素晴らしい。しかし、せっかくなら愛する人とふたりきりで旅をしよう。オーロラが出現した瞬間、手を取り合って一緒に感動できるパートナーがいれば、その喜びは何倍にも膨れ上がるはずだ。本書では、「愛する人と一緒に」ということを、最も大切な旅の条件として提示したい。
…ということで、現在相手がいない方は、まだ行っちゃダメ。我慢！

世界一のオーロラショースポットへ

旅の舞台は、オーロラが一番観られると言われるイエローナイフ。ここは、カナダ最北の都市であり、北極への玄関口でもある。街から70㎞北東に延びる短い道・イングラハムトレイルの終点は、The end of the road（最果ての地）と呼ばれているほど。まさに端っこ。オーロラ観賞の場所としては申し分ない。しかも、極度の乾燥気候で、周辺1000㎞に山脈もなく、海岸からも離れているため、雲が発生しにくく晴天率が非常に高いのだ。そういった条件からイエローナイフは、世界一のオーロラショースポットと言われている。人生を変えるオーロラ観賞。せっかくなら最高のコンディションをセレクトしよう。ということで、イエローナイフへGO！

神様からのプレゼント!

現地では、オーロラの出現を今か今かと待つのみだ。愛する人とふたり。凛と澄み切った冷たくも心地よい空気に包まれながら、長い夜を過ごす。夜空には満天の星空と、ぽっかり浮かぶ月がひとつ。手を繋いで、黙って夜空を見上げるのもよし、ワインを飲みながら、将来の夢を語り合いながら過ごすもよし。「まだかなぁ」とつぶやきながら、ひたすらに夜空というキャンパスに描かれる光のカーテンを待つ。

遂に！

どのくらい待っただろうか、突然訪れる奇跡の瞬間。最高のショータイムが始まる。
空にうっすらと描かれ始めるオーロラ。赤、黄、緑…様々な色が輝きを変えながらゆらゆらと揺らめく。同じタッチでは２度と描かれない奇跡の光は、天空一面に広がることも。前も後ろも、右も左も…いったいどこに目を向ければいいのか。湖に目を移せば、湖面に映るオーロラ。まばたきする時間すら惜しくなるその美しさに息を呑む。すると突然、オーロラが生き物のように暴れ始める。時にはうねるように怪しく、時にはひらひらと上品に、時には渦巻くように俊敏に。ブレークアップ！　オーロラの爆発だ。
それはまさに神様からのプレゼント。さぁ、愛する人の手をぎゅっと握り、人生史上最強の一言を（ここの一言はアナタにおまかせ！）。最強のロマンチックタイムをかみしめよう。

愛が深まるオーロラ

ご存知のように、オーロラは自然現象なので、誰にもコントロールできない。旅中に一度も見られないことだってあるし、見られたとしても、どんな規模で現れるか、いつ現れるのかは、もちろん誰にもわからない。「寒い中、そんなに長く待ちたくない！」という声が聞こえてきそうだが、ちょっと待った！　ポイントはココだ。この長い長い待ち時間を、愛する人とワクワクドキドキしながら過ごし、奇跡の瞬間を迎えるからこそ、愛が深まるのだ。そう、実は大切なのは長〜い待ち時間なのだ！　一度観てしまうとトリコになっちゃうと言うオーロラ。だったらイッソのコト、記念日ごとにオーロラ観賞なんていかが？　そんな人生、最高でしょ。

旅の予算
Budget

総予算 16万円～

※5泊7日／成田からの往復航空券・ホテル5泊込み（食費、現地交通費除く）

総予算内訳

航空券の目安　12万円～

＊成田～バンクーバー乗り継ぎ～イエローナイフ（エアカナダ／エコノミークラス往復）＝12～15万円

ホテル代金の目安　1泊1万5千円～

＊3つ星ホテルに宿泊した場合。　※1部屋（2名利用）の料金、総予算には1名分を計上。

旅のシーズン
Best Season

最も快適に気持ち良く楽しみたい方にオススメなのは、秋のシーズン。オーロラは冬しか見られないと思われがちだが、実は一年中出現している。イエローナイフでは、夏の数ヶ月は白夜のために夜も暗くならないので観られないだけ。9月に入ると夜は暗くなり、オーロラはバッチリ。最低気温も4℃ほどであまり寒くない！　湖も凍らない時期なので、湖面に映るオーロラを楽しむこともできる。そして秋と言えば紅葉。イエローナイフ郊外のキャメロン滝にハイキングに行けば、黄色く色づいた木々が迎えてくれる。滝の美しい流れと住みきった空気を味わいながら、極北の地の秋を思い切り感じられる。

行き方
How to get there

日本からはバンクーバーで乗り継ぎ、イエローナイフへ行くのが一般的。他にもトロント、ロサンゼルスなどで乗り継ぐことも可能。

旅の手配
Arranging the trip

シーズン中、宿泊施設は混み合うので航空券とホテルは同時に手配したい。インターネットで航空券＋ホテルのセットで取ると割引になる場合もある。送迎などを含めたツアーで行く方が安心な人は、「オーロラ鑑賞ツアー」でインターネット検索してみよう。本書でオススメするのは、オーロラスペシャリスト・高坂雄一氏が同行するツアーやイエローナイフの個人手配も受けている「Ism」。北米を得意とする会社だけあって知識と情報は豊富。

［Ism］ www.shogai-kando.com

参考ツアー「オーロラスペシャリスト高坂雄一氏 同行写真撮影ツアー」

宿泊
Accommodation

イエローナイフには安価なモーテルから高級ホテル、キッチン付きのコンドミニアムなど様々な宿泊施設が揃っている。しかしオーロラ鑑賞シーズンは多くの観光客が訪れるので予約は早めにしよう。大抵の場合、市内に宿泊するのだが、オーロラ鑑賞は郊外の鑑賞グラウンドに向かうのが一般的。ホテル予約の際は、鑑賞グラウンドへの送迎と入場料が含まれているものを選びたい。

オススメのホテル

Yellowknife Inn　www.yellowknifeinn.com

街の中心に位置し、レストランやお土産屋などが入っているショッピングモールと繋がっているのでとても便利。また宿泊代、空港からの往復送迎、鑑賞グラウンドへの送迎と入場がセットになったおトクなパッケージもサイト（英語のみ）で販売している。

旅のヒント
Hints for the trip

オーローラ鑑賞時は夜なので非常に寒くなる。完全武装の防寒具を日本から用意するか、現地で防寒具をレンタルしよう。レンタルする場合は必ず事前手配を。

オーロラはあくまで自然現象。その日に見られるという保証はない。旅程を組む時はできるだけ多くイエローナイフでの夜が過ごせる様にするのがベスト。

オーロラの光は、目に見えている以上に弱い。写真撮影はそんなに簡単ではない。どうしても写真に収めたいなら、しっかり準備して行こう。高感度で、シャッターをずっと開けておくバルブ機能があるカメラ、または15秒以上の長時間シャッターが切れるカメラが必要だ。自分のカメラで可能かどうか確認しておこう。

日中のアクティビティとしてはカヌー、釣り、トレッキングなど自然を満喫するものが豊富に揃っている。冬の一番人気はやはり犬ゾリ体験！　現地で直接手配するか、事前に旅行会社に相談しておこう。

スケジュール例
Example Itinerary

1日目▶成田発～バンクーバー乗り継ぎ～イエローナイフ着【イエローナイフ泊】
2日目▶終日イエローナイフ滞在、夜はオーロラ鑑賞【イエローナイフ泊】
3日目▶終日イエローナイフ滞在、夜はオーロラ鑑賞【イエローナイフ泊】
4日目▶終日イエローナイフ滞在、夜はオーロラ鑑賞【イエローナイフ泊】
5日目▶終日イエローナイフ滞在、夜はオーロラ鑑賞【イエローナイフ泊】
6日目▶イエローナイフ発～バンクーバー乗り継ぎ～成田へ
7日目▶成田着

+3日あったら…
+3 more days?

カナダ西海岸の大都市バンクーバー散策がオススメ。多民族都市ならではの世界中の食べ物を堪能できるし、ちょっと郊外に出ればカナダの大自然をイエローナイフよりも、暖かい中で見てまわれる。

07 太平洋・マーシャル諸島
MARSHALL ISLAND

無人島なのに、こんなに快適！ 快適&エコを兼ね備えた、人気のエコリゾートへ。無人島でふたりで暮らす、究極のラブバカンス！

ハワイとオーストラリアの間に位置し、「太平洋に浮かぶ真珠の首飾り」と称されるほどの美しさを持つマーシャル諸島。首都・マジュロから、ボートに乗って約15分行くと、そこには世にも珍しい無人島がポツンと存在している。無人島と言えば、過酷なサバイバル生活をイメージするかもしれないが、ここは、なんと、快適さ、そして環境への配慮を高次元にて融合させた究極の無人島エコリゾート！ 唯一無二のこの島で、誰にも邪魔されずふたりきりで過ごすという経験は、何にも代えがたい贅沢だ。自然を身近に感じながら、ふたりきりの無人島暮らし。文字通り、誰の目も気にせず、ふたりの時間を楽しんじゃってください。

SECRET PARADISE
〜ふたりだけの秘密の隠れ家へ〜

大好きな人に、聞いてみてください。
「無人島で暮らすために絶対に必要なものが3つある。
まずは、食料と水。そしてもうひとつは、なんだと思う？」

「もちろん、大好きなあなた（おまえ）よ」
相手が、そう答えてくれた場合のみ、
このリゾートに宿泊することができます。
ウソです。

幸運を発見するプライベートアイランド

エメラルドグリーンの美しい海が周囲に広がる宝石のような無人島を、愛するあの人とふたりきりで貸切って過ごす…なんて贅沢なことだろう。そんな夢のような旅が実現できる島がある。その島の名前はセレンディパー・アイランド。セレンディパーとは英語で「思いがけず幸運を発見する人」という意味。そんなロマンチックな名前の付いたプライベートアイランド1島丸ごとを、1組だけで貸切る、つまり島のオーナーとして過ごすことができるのだ。

せっかくなら、ふたりきりで完全貸切!

美しき島々、マーシャル諸島。その環礁のラグーンに浮かぶ小島、それがセレンディパー・アイランドだ。島の大きさは一周わずか280m。天蓋の付いたベッド、サンデッキ、広いリビングダイニング、キッチンを備えたメインバンガローが1棟。窓からは、透き通った青空と、エメラルドグリーンの海がどこまでも広がる。他にはツリーハウス、露天風呂、ガゼボ（東屋）、バトラー（世話人）用の管理棟があるのみ。バトラーに常駐してもらって食事などの世話をしてもらう、至れり尽くせりコースもありだが、バトラーを離島させて、完全貸切状態にするのもOK。電子レンジや冷蔵庫、ガスコンロ、炊飯器など生活に必要なものは揃っているので、島でふたりきりになっちゃっても何の不自由もない。せっかくなら完全に貸切っちゃおう！

自然と共存する生活

この島は非常に素晴らしいコンセプトを持っている。快適さは保ったうえで、自然に優しく徹底したエコを実現！　島で利用する水や電気は、すべて自然から。水は雨水を貯めたものと、海水を淡水化したものを使い（飲料水はミネラルウォーター）、電力は風力、太陽光、ココナッツオイル発電機で生み出され、バンガロー内に設置されたモニターで発電量がチェックできるようになっている。モニターを見て、使用する電化製品の消費電力量を意識しながら使う。つまり“エネルギーをやりくりする”仕組みになっているのだ。

お風呂は露天風呂で、ヤシの殻や枯葉を燃料にして温め、シャワーは太陽熱で沸かされ、いつでも熱いお湯が出る。シャンプー・リンス・ボディソープはもちろん自然素材のもの。洗濯では洗剤も生分解性の高いものを使い、バイオトイレは微生物が排泄物を分解し肥料に変える。島内では、常に自然の恵みをたっぷりと感じながらの日々を送ることになる。ぜひ、自然と共存する生活をおもいっきり味わってほしい。

最高に贅沢で快適な時間を

自然環境を意識した島だからこそ、手つかずの美しい自然が残っている。島での生活は完全な自由時間だ。島の周辺に広がる紺碧の美しい海を、カヤックに乗って気ままに漕ぎ出したり、シュノーケルをくわえて泳いだり、西側に突き出た露天風呂にゆったりつかりながら海に沈む夕陽を眺めたり、ふたりきりでバーベキューディナーを楽しんだり、全裸で海に飛び込んだり、流星が尾を引く満天の星空に向かって大声で歌ってみたり…もう、何でもありだ。

波の音だけが聞こえる特別なプライベート空間でふたりきり。誰にも邪魔されず、美しい自然を感じながら過ごす島での日々。それは何にも代えがたい経験だ。無人島での最高に贅沢で快適な時間の中で、あなたも、セレンディパー＝「思いがけず幸運を発見する人」になれるかもしれない。

旅の予算
Budget

総予算 18万円〜
※5泊7日／成田からの往復航空券・ホテル2泊+アイランド3泊 込み（食費、現地交通費除く）

総予算内訳

航空券の目安　10万円〜
＊成田〜グアム乗り継ぎ〜マジュロ（コンチネンタルミクロネシア航空／エコノミー往復）＝10〜15万円

ホテル代金の目安　1泊1万円〜
＊3つ星ホテルに宿泊した場合。
※総予算にはグアム1泊（1万円〜）+マジュロ1泊（1万5千円〜）を計上。どちらも1部屋（2名利用）の料金。

セレンディパー・アイランド・リゾート代金の目安　1泊4万円〜
＊島貸切1泊料金（1、2名＝US $500、3名＝US $530、4名＝US $560、5名＝US $590、6名＝US $620）。上記は2名利用の料金、総予算には1名分を計上。

旅のシーズン
Best Season

セレンディパー・アイランドのあるマーシャル諸島は、年間を通して平均気温は27℃と温暖で過ごしやすい。雨期・乾期の区別はあまりないが1〜4月は比較的雨量が少ないと言われている。基本的には1年中楽しめる。

行き方
How to get there

日本からはグアムを乗り継いで、グアムからのアイランドホッパー便で首都・マジュロへ向かう。アイランドホッパー便とはグアムからチューク、ポンペイ、コスラエ、マジュロ、ホノルルと、ミクロネシアの島々をひとつずつ順番に飛んで行くフライトのこと。スケジュール上、グアムで往路は8時間程の空港滞在と復路では1泊が必要となる。定期便で行く場合、ハワイ乗り継ぎというのも可能だが、割高になる。このアイランドホッパーでマジュロに降りるのが一般的。

旅の手配
Arranging the trip

1島1組限定のリゾートなので、事前に手配することが大原則。日本のリゾート運営会社「スリーウィンズ」がマジュロまでの航空券やセレンディパー・アイランド・リゾートの手配を行ってくれるので、まず問い合わせて、自分たちにとって一番良い旅を手配しよう。

- [スリーウィンズ] www.cruiseandisland.com
- [セレンディパー・アイランド・リゾート公式サイト] www.serendipperresorts.com
- [マーシャル諸島政府観光局] www.visitmarshallislands.com/mivajapan
- [マーシャルアイランドツアーズ] www.majuro.jp

宿泊
Accommodation

首都・マジュロへの到着が夕方になるので、そのままマジュロ滞在となる。1泊して、ゆっくり買い出しなどをして、翌日、セレンディパー・アイランド・リゾートへ向かおう。また帰りにグアムで1泊が必要となる。

オススメのホテル

マーシャルアイランドリゾート　www.marshallislandsresort.com

149客室を備えるマーシャル諸島最大のリゾート。翌日からの滞在はふたりだけの島滞在になるので、1泊くらいは大型のリゾートでその充実した設備を堪能したい。海水プール、ジム、テニスコートを備えており、街へのアクセスも便利。翌日からの無人島暮らしに備えて、島に持って行く物などを買おう。

旅のヒント
Hints for the trip

- 希望すれば、料金は変わらずお世話をしてくれるバトラーを1人島に常駐させることもでき。完全なプライベート空間を保つか、いろいろとお世話もしてもらいながら楽しむか、選ぶことができる。
- 無人島滞在中、食事をバトラーに用意してもらったり、バーベキューをしたりしたい場合は、あらかじめ手配が必要。また島から出て、街で買い出しや食事をしたい場合は、ボートの送迎を手配しなくてはならない。その場合は、島で渡される専用の携帯電話で手配することができる。
- リゾートには蚊取り線香はあるが、それ以外にも自分が好む虫除けアイテムは持って行こう。

スケジュール例
Example Itinerary

1日目▸成田発〜グアム乗り継ぎ、空港で待機
2日目▸グアム発〜マジュロ着、着後ホテルへ移動【マジュロ泊】
3日目▸PMボートでセレディパー・アイランド・リゾートへ【アイランド泊】
4日目▸終日セレディパー・アイランド・リゾート滞在【アイランド泊】
5日目▸終日セレディパー・アイランド・リゾート滞在【アイランド泊】
6日目▸PMボートでマジュロへ移動、マジュロ発〜グアム着【グアム泊】
7日目▸グアム発〜成田着

+3日あったら…
+3 more days?

マーシャル諸島のマジュロへは往復共にチューク、ポンペイ、コスラエというミクロネシア連邦の島々にホッピングして行くことになる。せっかくならそういった島をひとつ追加訪問してはどうだろう。チュークは沈船ダイビングが有名で、ポンペイには海底都市ナンマドール遺跡がある。どの島も豊かに自然が残っていて魅力的だ。またマジュロに入る前に、グアムで結婚式を挙げて、新婚旅行としてセレディパー・アイランド・リゾートへ行くなんてのも素敵だ!

TRIP: 08 / 人生はなんでもあり！を実感する旅

08 オーストラリア
AUSTRALIA

男ってなんだ? 女ってなんだ? 世界最大のゲイ&レズビアンの祭典、マルディグラで、あなたも一線を越えてみる?

ゲイ&レズビアンならアメリカのサンフランシスコ! という評判を抜き!? 世界一同性愛者の多い街とも言われるシドニー。毎年2～3月の約3週間に渡って繰り広げられるイベントの数々。シドニー各所でホールを貸し切ってのダンスパーティーやアート展、ライブ、映画祭、演劇などはもちろん、街中にはゲイバーに、ゲイショップなども出展されて、お祭りモード全開の3週間! その中でも最高潮の盛り上がりをみせるのは、なんといってもパレード。ゴージャスでもありセクシーでもある、十人十色のきらびやかな衣装を身にまとった人々が道を埋め尽くし、沿道からのやまないフラッシュの嵐の中を華麗に行進してゆく。一部のマニアのためだけのものではなく、大企業や州政府などのバックアップも受けてゴージャスに開催される夢の祭典! 男、女という枠にとらわれない、自由で多様なゲイカルチャーに触れてみよう。

HAPPY & FREEDOM!

〜　自由に。楽しく。幸せに。〜

人は男に生まれない。男になるのだ。
人は女に生まれない。女になるのだ。

マルディグラって何？

そもそもマルディグラとは、フランス語で「肥沃な火曜日」という意味。カトリックに由来する行事で四旬節の前日にあたる火曜日までの宗教的な儀式「カーニバル（謝肉祭）」を一般的に指している。カーニバルとしては、リオやニューオリンズが有名だが、シドニーのマルディグラは、それらとはまったく違うのだ。

遡ること30数年前の1978年、社会的に抑圧され続けてきた同性愛者たちが立ち上がり、同性愛の権利を主張するためにパレードを行なったのが、シドニーのマルディグラが生まれたきっかけだった。当時は社会的な目も厳しく逮捕者数十名を出すほどの反社会的なパレードだったが、その後も毎年、毎年厳しい経済状況にも関わらず、パレードを重ねるごとに社会的な地位を築き、今では大企業や州政府などのスポンサーがつく、数十万人が訪れるビッグイベントにまで成長した。

2010年で32回目となるシドニーのマルディグラは、今では世界で最も華やかで、最大規模のゲイの祭典になっている。このカーニバルを続けることで同性愛者たちは権利を勝ち取り、輝ける舞台を手に入れたのだ。

最強のゲイパレード！

開催が近づくと、公式サイトなどでパレードの道順が発表される。それを元に事前に下見をして、どの位置で臨場感溢れるパレードを体感できるのかを見極めよう。日本でも花見のシーズンには場所取り合戦が行なわれるが、南半球のオーストラリアでもそれは同じ。パレードは夕方から始まるので、人によっては昼前から場所取りを始める。パレード2時間前には沿道はすべて人、人、人の満員電車状態になるので、昼過ぎには場所をあらかた決めておき、酒を片手に、同性愛について語ったりしながらパレードに備えよう。パレードが始まる前にもちょっとしたストリートパーフォーマンスなんかがあったりして、楽しむことができる。

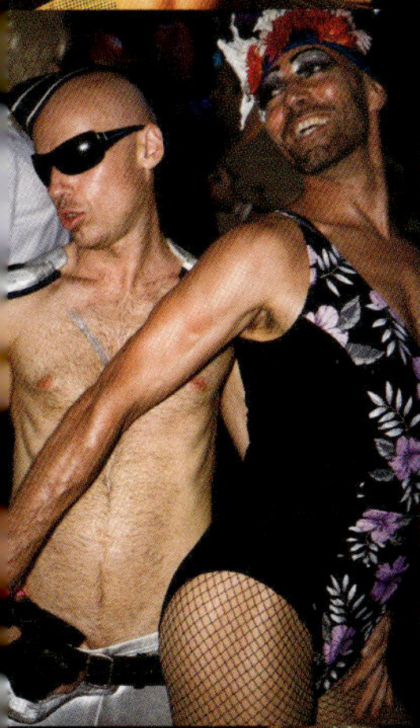

CHOOSE LIFE

POLICE

Daily Telegraph

STRAIGHT GIRLS
FOR
GAY RIGHTS

いよいよ、パレードがスタート！

パレードは、エリアによっての特徴もあるから面白い。出発地点はマルディグラのパレードの中でも最高潮の盛り上がりと熱気が渦巻くエリア。中間地点はテレビ中継車も多く、パレードをしている人たちが一番気合いの入るエリア。終着点はさすがに若干疲れの色もちらほらと見えたりもするが、それでも十人十色の鮮やかな衣装や変装は見ごたえ十分と言われる。
さあ、パレードが開始！　あたり一面に響く大爆音、空気を震わす振動、割れんばかりの大歓声、圧倒的な量のカメラのフラッシュ、目の前を通りすぎていく権利のために立ち上がった人々、そしてそれに賛同する沿道を埋め尽くす人々が自分のまわりを包み、自分が「マルディグラの一部」となっていくのを感じるだろう。

パレードだけじゃないマルディグラ

世界的に有名なのはパレードだが、パレード後のアフターパーティーの盛り上がりもハンパじゃない！　色とりどりの閃光と腹まで響く大音量が宙を飛び交う。数万人もの観客が収容可能な会場に、ほぼ布切れ１枚といったマッチョたちやセクシーな人々が世界中から終結し、朝まで狂喜乱舞する。世界でも名高いDJやミュージシャンも駆けつけるので、パレードの疲れなんてぶっとばして、ぜひ参加してみよう！　イベント期間中は基本的にお祭りなので、他にも魅力的なイベントもたくさんある。ゲイやレズビアンに関するパネルディスカッションやエンターテイナーのパフォーマンス、トークショー、ライブ、コンサート、演劇、写真展、アート作品展、スポーツイベント…などなど、期間中は、シドニーのいたるところで楽しいことが行なわれているので、積極的にいろいろなものに顔を出し、このお祭りを満喫しよう！

祭りの後に

巨大で激しいエネルギーが渦巻いたパレードやパーティーが終わり、街は平穏を取り戻す。昨日見た多くの老若男女を思い出す。正直、見た目だけでは性別なんて区別がつかない人がいっぱいいたし、男と思った人が女だったり、またはその逆もあったり。それらの人々が掲げていたプラカードやボディに書かれたメッセージに思いを馳せる。「性」というと非常に大きな人生のテーマのようだが、ここでは、難しいことを言う人はいない。自由に。楽しく。幸せに。ただ、みんながそう願い、それぞれの人生を一生懸命に生きているだけだ。

旅の予算
Budget

総予算 15万円～

※5泊7日／成田からの往復航空券・ホテル5泊・マルディグラの入場料込み(食費、現地交通費除く)

総予算内訳

航空券の目安　7万円～

＊成田～ゴールドコースト乗り継ぎ～シドニー (ジェットスター航空／エコノミークラス往復)＝7～15万円

ホテル代金の目安　1泊1万円～

＊3つ星クラスのホテルに宿泊した場合。 ※1部屋(2名利用)の料金、総予算には1名分を計上。

マルディグラの入場券の目安　4千円～

＊パレードの基本的な入場券のみを計上。

旅のシーズン
Best Season

毎年2～3月の約3週間に渡って行なわれるマルディグラだが、本命はなんといってもパレード。公式サイトでパレードがいつ行なわれるのかを確認し、それに合わせて前後の準備を進めていこう。シドニーの2～3月の時期はいわゆる日本の夏秋ぐらいの気候なので、とても快適だ。

行き方
How to get there

カンタス航空や日本航空がシドニーまで直行便を運行している。価格の面でオススメなのは、「ジェットスター航空」というローコスト航空会社。ケアンズやゴールドコートなどを乗り継ぐことになるが、非常に格安。こちらもチェックしてみてほしい。
シドニー空港に到着したら、タクシーなどでホテルへ行くのみ! あとは街中のパレードルートの下見や事前に行なわれているイベントに参加するぐらいなので、複雑な手配などは必要なく、容易に行くことができるだろう。

[ジェットスター航空] www.jetstar.com

旅の手配
Arranging the trip

何よりも重要なのがパレードや行きたいイベントの入場券の確保! 公式サイトから英語で調べていくことになるが、ここは根気強く翻訳サイトなどを活用しながら調べよう。目前になってくると在豪日本人や行く予定の人たちがブログやサイトで情報をシェアし始めるので、日本語でもサイト巡りをして情報集めを。パレード以外にも数多くのイベントが行われるので、あらかじめ行きたいイベントの入場券も購入しておこう。
ちなみにゲイ向けの旅行社というのもある。ゲイの方で、ゲイに囲まれ、おもいっきりマルディグラを楽しみたいなら、そういった会社のツアーにグループで行く方がより一層楽しめるかも?

[マルディグラ公式サイト] www.mardigras.org.au (英語)

[GAY TRAVEL JAPAN] www.gaylife.co.jp/travel

宿泊
Accommodation

マルディグラの日程が発表されたら、予算に合わせて宿を予約し始めよう。世界中から数十万人が訪れる規模のお祭りなので、直前になると手配は難しい。予約はネットでするか、旅行会社に依頼するか、どちらも問題なくできるだろう。

オススメのホテル

Break Free on George　www.breakfree.com.au/on-george

シドニーの主要スポットへのアクセスが便利で、キレイで快適な割に料金は安め。ワンルームがメインとなるが1、2ベッドルームのタイプもあるので、グループで行くにもオススメ。全室に小さなキッチン設備もあるので、暮らすように滞在でき、外食ばかりしなくても済むのも経済的。

旅のヒント
Hints for the trip

- パレードを見ている最中は、いわゆる満員電車に近い状態になるので、足を踏まれる可能性がある。暑い時期とはいっても、サンダルは避けよう。
- 大規模なイベントなので、酔っ払いやゲイバッシングをする人も見かける。楽しく過ごすためにも、危険だと感じたら、近づかないようにしよう。
- オーストラリア入国に際して入国電子ビザ「ETA」が必要になるので、事前に取得しておこう。

【ETA】www.eta.immi.gov.au（Languageで日本語を選択）

スケジュール例
Example Itinerary

1日目 ▸ PM成田発〜ゴールドコースト乗り継ぎ〜シドニーへ
2日目 ▸ AMシドニー着、着後ホテルへ移動、PMフリー【シドニー泊】
3日目 ▸ 終日フリー、マルディグライベント参加など【シドニー泊】
4日目 ▸ 終日フリー、マルディグライベント参加など【シドニー泊】
5日目 ▸ 終日フリー、マルディグラパレード、パーティー参加など【シドニー泊】
6日目 ▸ 終日フリー【シドニー泊】
7日目 ▸ AMシドニー発〜ゴールドコースト乗り継ぎ〜成田着

※年によってパレード直後にパーティーが行なわれない場合もある。

+3日あったら…
+3 more days?

世界遺産のブルーマウンテンを始め、少し足を延ばせば大自然が広がるシドニー。有名なオペラハウスを中心とした市内観光も楽しいし、オーストラリア固有の動物たちに出会える動物園「シドニーワイルドライフワールド」や「シドニー水族館」に行ったり、楽しみ方は無限大。またジェットスターを利用する場合は、ケアンズやゴールドコーストで乗り継ぐので、そういった街に滞在するという選択肢もあり。

TRIP: 09 / 媚びない自分を創る旅

09 キューバ
CUBA

はっきりとNO! と言える国、キューバへ。革命&ゲバラの空気を肌で感じながら、あきらめずに夢を追い続けるパワーをもらう旅。

カリブ海最大の島国、キューバ。サルサを始め、野球、バレーボール、葉巻、農業政策、医療・教育の無料化…と、多彩な美点を持ち、物質的な豊かさを追わない、清く貧しい社会主義国家。この国の精神の象徴とも言われる革命家が、エルネスト・チェ・ゲバラだ。1959年、アメリカの帝国主義に対抗し、苦しむ人々を解放するため、フィデル・カストロ、そして多くの国民と共に成し遂げたキューバ革命。日本の幕末と比べても、つい最近の出来事だ。たった約50年前、20代、30代の若者たちが自ら銃を取り、己の情熱、そして命を賭して達成した革命の現場へ。キューバに生きる人々、そして、ゲバラの息吹に触れながら、どんなに苦難にあっても、あきらめず、媚びず、自分の夢を追い続けるエネルギーを感じに行こう。

Hasta la Victoria Siempre
～勝利まで永遠に～

もし私たちが空想家のようだといわれるならば、
救いがたい理想主義者だといわれるならば、
できもしないことを考えているといわれるならば、
何千回でも答えよう。
「その通りだ」と。
-チェ・ゲバラ-

キューバ革命

キューバを語る上で、絶対に欠かすことができないのが歴史。学校で行なわれていた年号を詰め込むような歴史とは異なり、ロマンに彩られたドラマティックな歴史がそこにはある。19世紀に起こったキューバ独立戦争で、400年にも及ぶスペイン植民地支配からの独立を勝ち取ったかに見えたが、アメリカからの内政干渉が始まった。新しく発足した親米政権は政治腐敗、国民弾圧が続く独裁国家と成り果て、これに異を唱えた若者たちが銃を手に立ち上がった。これが世にいう「キューバ革命」だ。ここから、フィデル・カストロやチェ・ゲバラを筆頭に、若者たちの熱い戦いが始まったのだ。山中を舞台にしたゲリラ戦を展開し、多くの農民の支援を受け勢力を拡大。次々と政府軍を撃破してゆくカストロ、ゲバラ率いる解放軍。ついに首都ハバナを陥落させ、革命政府を樹立した。世界中の多くの指導者たちが、権力を握った瞬間にあぐらをかく中、理想の社会主義国家を築くべく奔走してきた若者たちは、さらに農地改革や医療・教育の無料化など次々と改革を行なっていったのだ。
さあ、行こう！　若者たちの情熱からスタートしたカリブの大国キューバへ。

いざ、革命と情熱に彩られたハバナへ

常夏の島キューバに降り立つと、湿気を多く含んだ風が頬をなでる。タクシーに乗り込み首都ハバナを目指す。空港から30分ほどの道中、街を見ていると、商業的な看板はほとんど見当たらない。その反面、ゲバラの肖像画と共に書かれているスローガンがやけに目につく。「ESTAMOS HACIENDO HISTORIA NUEVA ／我々は新たな歴史を作っている」や「Compatriotas, yo muero, pero la tea que dejo encendida nadie la apagara. Che ／同志たちよ、私は死ぬ。しかし、私が残す炎は燃え盛り、誰にも消せない。チェ・ゲバラ」。そんな社会主義国特有の国から国民へのメッセージに最初は驚くかもしれないが、興味深くもある。そして、古い車がガタガタ走る道路には、バイクのヘルメット？　と思ってしまうような形をした三輪タクシーが、街を縦横無尽に走っている。乗ってみると、加速の鈍さ＆遅さがとても愛らしく、ゆっくりとしたスピードで風を切りながら街並みを楽しめる。ハバナを巡る際には、ぜひ一度は乗ってみよう。

ラ・アバナ

キューバの現在、過去、未来の情熱に触れるために、街に繰り出そう！　まずはここ抜きにキューバの歴史は語れないホットなスポット「革命博物館」へ。大統領官邸として利用されていたこの建物には、キューバ独立戦争やキューバ革命時の写真を始め、武器や資料などが多く展示されている。博物館という言葉を毛嫌いする人でも、キューバ、そして、革命が好きであれば、その足跡に触れる数々の品に魅了されることだろう。ゲバラが愛用していた道具も多数あるので見ごたえ十分だ。次に訪れるのは「革命広場」。様々な国家行事などで利用されてきたこの広場には、キューバ独立の父とも称され、ゲバラの一時代前に活躍した思想家ホセ・マルティを記念する塔や像がある。記念塔は、横から見るといびつな形に見えるが、空から見ると星型を模しているというユニークなものだ。高さ109mもあるため、その展望台から望むハバナ市街はとても美しい。市街を眺めながら、キューバの歴史に思いを馳せてみよう。そして、革命広

Hasta la victoria siempre

Hasta
Siempre
MANDANTE

ESTUDIO
TRABAJO
FUSIL
UJC

POR NUESTROS

Hasta la victoria
Siempre

VIVA CUBA
Libre

MOTEL
and Restaurant

場でひときわ目を引くのが、内務省の壁に描かれているゲバラの肖像画と「Hasta la Victoria Siempre／勝利まで永遠に」と書かれたスローガン。このゲバラの革命標語は、今もなお、そしてこれからも、人々の心に響き続けていくだろう。

世界遺産になっている旧市街へ

全盛期のスペイン・コロニアル様式が完全に保存されていて、世界遺産になっているハバナ旧市街も見逃せない。赴きある石畳を歩きながら、街を散策してみよう。そこら中で音楽が流れていて、サルサを踊っている人もたくさんいる。まるで街全体がダンスフロアーのようだ。街の人たちと一緒になって踊れば、素晴らしい想い出になるだろう。途中、休憩がてらにバーに入り、「クーバ・リブレ！」と注文してみよう。キューバ・リブレともラム・コークとも呼ばれる世界中で愛されている一杯。本場で味わう極上のドリンクは忘れられない一杯となる。
スペイン語の発音でハバナは「ラ・アバナ」。その街中に流れる陽気なサルサ、葉巻をくわえてギターを弾く粋なおじさん、底抜けに明るい笑顔で日常を送る市民…。この街に流れる平和な空気と、革命の歴史とのコントラストが、また面白いと感じるだろう。
せっかくだからカリブの海も満喫したい？　だったらサンタマリアビーチへ行ってみよう。街からバスで40分！　そこには透き通った美しい海が広がっている。

革命がもたらしたもの

アルゼンチン出身の医師、エルネスト・チェ・ゲバラ。
学生時代、南米をバイクで放浪中に、アメリカの帝国主義によって苦しめられる多くの人に出逢い、世の中のあり方に疑問を持ち、フィデル・カストロらとキューバ革命を成立させる。革命成功後、国立銀行総裁にまで上りつめたが、その地位に安住することなく、再び、世界中の革命を支援すべく旅立ち、新たな革命を目指して戦闘中に南米のボリビア山中で命を落とした。享年39歳。
彼の死後40年を経た今でも、ファッションとして、憧れとして、ゲバラの肖像が描かれたTシャツを着ている若者が世界中に溢れ、ゲバラがその行動、生き方で示した「理想のために媚びずに戦う姿勢」は、世界中の多くの人々を魅了し続けてやまない。
でも、これは、どこか遠い国の自分には関係ない人の話だろうか？　苦しくでもあきらめずに、夢を追い続けるパワー。何か違うというものを、変えていく勇気。媚びることなく、自分を貫き通す覚悟。それは、誰の人生にも必要なものじゃないか？
革命の現場に立ち、熱い気持ちになりたい人は、ぜひ、キューバへ。
その時、あなたの胸に眠る、革命家の血が目覚めるかもしれない。

旅の予算
Budget

総予算 19万円〜
※4泊7日／成田からの往復航空券、宿泊費込み（現地交通費、食費除く）

総予算内訳

航空券の目安　16万円〜
＊成田〜トロント乗り継ぎ〜ハバナ（エア・カナダ／エコノミークラス往復）＝16〜25万円

ハバナのホテル代金の目安　1泊1万円〜
＊3つ星ホテルに宿泊した場合。　※1人部屋（2名利用）の料金、総予算には1名分を計上。

トロントのホテル代金　1泊9千円〜
＊3つ星ホテルに宿泊した場合。　※1人部屋（2名利用）の料金、総予算には1名分を計上。

旅のシーズン
Best Season

1年を通して温暖な気候。基本的には時期を選ばないが、9〜10月はハリケーンが多いので、避けた方が無難。

行き方
How to get there

アメリカはキューバと断交しているので直行便を飛ばしていない。エアカナダを利用してのトロント乗り継ぎが一般的。他にはアメリカ1都市とメキシコ1都市を乗り継いでいく方法もある。金額や出発の時間帯で選ぼう。空港に到着してしまえば、後はタクシーに乗るのみ。

旅の手配
Arranging the trip

往復の航空券と宿だけを購入して、気ままに旅してみるのがオススメ。自由行動が多く含まれている日本発着のツアーで行くのもあり。ツアーで行く場合は、下記「世界ツアーズ」を始め、様々な旅行会社がキューバ行きのツアーを企画しているので、自分のスタイルに合ったところを選ぼう。

［世界ツアーズ］www.sekaitours.co.jp

参考ツアー　「エア・カナダで行く★キューバ革命の軌跡9日間」

宿泊
Accommodation

ホテル予約サイトによってはキューバを取り扱っていないところも多い。キューバ事情に明るい旅行社に依頼するか、直接ホテルのサイト（英語かスペイン語）で予約する必要がある。ハバナにはいくつもホテルがあるので、予算に合わせてアレンジしよう。

オススメのホテル

Hotel Ambos Mundos　www.hotelambosmundos-cuba.com

創業1920年の老舗のホテル。ハバナ旧市街のど真ん中に位置し、旧市街を味わうには最高のロケーション。かの文豪ヘミングウェイもここを定宿とし、名作「誰がために鐘は鳴る」の大半はこの宿で書き上げたと言われている。安宿ではないが、ハバナの旧市街を味わいたいならもってこいの宿。

旅のヒント
Hints for the trip

- 訪れるだけでも十分に魅力溢れる国だが、より有意義な旅にするために、書籍や映画などで事前に知識を蓄えておくことをオススメする。
- キューバ入国に際してキューバ・ツーリストカードが必要になるので、事前に取得しておこう。キューバ大使館や旅行会社などで取得できる。
- ほとんど英語は通じずスペイン語のみとなるため、会話集を持って行ったりして、最低限のコミュニケーションがとれる準備をしておこう。
- キューバは観光客用通貨（兌換ペソ）というものがある。特定の場所でしか両替できないので、空港に着いたら必要分を両替しよう。また、米国のドルからの両替はできないので、ユーロを持っていくことをオススメする。

スケジュール例
Example Itinerary

1日目▶成田発～トロント着、着後ホテルへ移動【トロント泊】
2日目▶AMトロント発～ハバナ着、着後ホテルへ移動【ハバナ泊】
3日目▶終日フリー【ハバナ泊】
4日目▶終日フリー【ハバナ泊】
5日目▶AMハバナ見学、PM空港へ移動、ハバナ発～トロント着、着後ホテルへ移動【トロント泊】
6日目▶トロント発～成田へ
7日目▶成田着

+3日あったら…
+3 more days?

キューバ随一のリゾート地バラデロのホテルに宿泊してゆっくりしたり、国内線の飛行機に乗り、キューバ南東部にある港湾都市サンティアゴ・デ・クーバへ行ったりすることが可能。サンティアゴ・デ・クーバからは、ゲリラ戦の舞台ともなったシエラマエストラという山に訪れ、革命の足跡に触れることができる。個人で行くには難しいので、旅行社に相談してみよう。

TRIP: 10 / 人生を賭けて一発勝負！する旅

10 マカオ
MACAU

人生を賭けた一発勝負！
世界最高のバンジージャンプでテンション上げて、世界最大のカジノで一攫千金！

成田からわずか4時間半。22の歴史的建造物と8箇所の広場が「マカオ歴史地区」という名前で世界文化遺産に登録されている美しき街、マカオ。ここに2001年にオープンしたのがマカオタワーだ。高さ338mを誇るこのタワーの233m地点から飛ぶ世界一のバンジージャンプは、人生史上最高のスリルを生む。また、ラスベガスを抜き、世界最大のカジノ都市との呼び声が高いのもここマカオだ。あたりに響き渡る歓声、悲鳴、溜め息…そして手汗まみれのチップ。勝てば天国、負ければ…。果たして運命の女神は微笑むのか？　手に汗握る、究極の緊張感。マカオの7日間で、最強のアイアンハートと武勇伝を手に入れろ。

YES! YOU CAN FLY!

〜あなたは、きっと飛べる！〜

負けたからクズってことじゃなくて、可能性を追わないからクズ。
やらなくてどうするっ・・・・・・・・・！！
勝つために生きなくてどうするっ・・・・・・・・・！！
-カイジ『賭博黙示録カイジ』(福本伸行／講談社)-

空の冒険へ

マカオのメインシンボル、高さ338mを誇るマカオタワー。この棟の地上233mにある展望台（61階）からは、晴れた日なら中国本土や香港など全景を見渡せる。ここに来たからにはただ景色を楽しむのではなく、ぜひチャレンジしてほしい、いや、やるしかない冒険がある。スカイアドベンチャーだ。

ハラハラと空を歩く

空の冒険と呼ばれるこのアトラクションには、いくつか種類がある。まずは「歩く」＝スカイウォークXだ。地上233mのタワー外縁を、頭上のワイヤーだけを頼りに歩くのだ。展望台からドアを開けて外へ。歩く幅はわずか160㎝。もちろん風も吹く。命綱があるとはいえ、なんだか心もとなく足はガタガタ。ゆっくりと歩きながら、この高さに身体を慣らせよう。

ドキドキとてっぺんを目指して登る

次は「登る」＝マストクライム。「マスト」とは、タワーの展望台の上部にあるピンと伸びたアンテナのような部分。安全ベルトを装着し、ハシゴを使って、338mのタワーの先端まで登ると言うわけだ。なるべく下を見ないように…1段1段登っていく。もちろん風が吹きつけてくる。しかも上に行けば行くほど強くなるような気さえする。想像をはるかに超えた恐怖に襲われながら、ひたすらてっぺんを目指す。このマストクライム、なんと昇降に要する時間は2時間！　勇気はもちろん、体力も必要だ。最先端に到達したものしか味わえない達成感と絶景を味わえるのも、このアトラクションの魅力だ。最高地点であなたは何と叫ぶ？　もちろん、「ママ―！」は禁止です。

バクバクと世界最高地から飛ぶ

最後は「飛ぶ」＝スカイジャンプ、バンジージャンプの2種類だ。どちらも同じ高さから飛び出すのだが、スカイジャンプは、落下速度を調整するワイヤーがつけられていて、自動でスピードが抑えられるようになっている。これでもかなりのスピードで、充分恐ろしいのだが、今回の旅のテーマはアイアンハートを手に入れること。ここはやっぱりバンジーでしょ！　ということで、ギネスブックにも登録されている世界最高地からのバンジージャンプにチャレンジだ。難しいことは何もない。身体中のアドレナリンを沸騰させて、まっすぐ前を向き、手を広げ、そのまま前に倒れ込むだけ！　落下時の最高スピードは時速200km！　落下時間は約5秒。あっという間と感じるか、永遠の時間と感じるか、それはあなた次第だ。

why live on the edge when you can jump off?
AJ
HACKETT
MACAU TOWER

人生を賭けた一発勝負!

スカイアドベンチャーを制覇した後は、もう何も怖くない。テンションはアゲアゲだ。日本から用意した先月の給料すべてが入った封筒を握りしめ、いざ世界最大のカジノへ。マカオのカジノは前述の通り、世界最大との呼び声も高く世界中のギャンブラーを呼び込んでいる。その空間に入り込むだけでもテンションはさらに上がる。ここでは、「さぁ、遊びましょう」ではない。人生を賭けた一発勝負だ！　直感で選んだカジノに入り、ルールが分かりやすいルーレットで勝負。席に座ると、ここ数回の当たり番号を書いた表が配られる。が、そんなの無視！　複数の数字に賭けるか、色（赤・黒）に賭けるかなど様々な賭け方がある。が、そんなのも無視！　直感だけで、躊躇なく、給料1ヶ月分を1つの数字に1点賭け。人生最大の勝負だ。
ルーレットがまわり、球が落ちるまでのわずかな時間。その時、今まで経験したことのない究極の緊張と興奮が訪れる。手に汗握り、心臓はバクバク、頭は真っ白だ。そして球が落ちる…。
当たれば配当は36倍、給料20万円だったら720万円！　給料30万円だったら1080万円！　年収の3倍！を一瞬で手に入れることができる。そりゃ、人生も変わるはずだ。え？　もし外れたら？　それはそれで人生最大の武勇伝を手に入れられるんだから、人生変わるでしょ？　まぁ、どうなるにしても、健闘を祈る！

※旅はあくまでも自己責任です。万が一本書を利用して旅をし、何か問題や不都合が生じた場合も、弊社では責任を負いかねますので、ご了承ください。あしからず。　A-Works

旅の予算
Budget

総予算 15万円～
※6泊7日／成田からの往復航空券・ホテル5泊・マカオタワーでのアクティティ代金込み（食費除く）

総予算内訳

航空券の目安 4万円～
＊成田～マカオ （マカオ航空／エコノミークラス往復）＝4～6万円

マカオタワーアクティビティ（3種類）代金の目安 4万5千円～
＊各アクティビティの料金は、スカイウォークX＝7千円～、マストクライム＝1万9千円～、スカイジャンプ＝1万1千円～、バンジージャンプ＝1万9千円～となる。
※総予算にはスカイウォークX、マストクライム、バンジージャンプを計上。

ホテル代金の目安 1泊2万円～
＊大型カジノホテルに宿泊した場合。 ※1部屋（2名利用）の料金、総予算には1名分を計上。

旅のシーズン
Best Season

マカオは亜熱帯気候のため、1年を通して比較的温暖。しかし5～9月は蒸し暑く、台風が接近することもあるので雨が多い。涼しくて快適なのは10～12月頃。1～3月も気温は10℃以下になることはないので、日本より暖かい冬を過ごすことができる。

行き方
How to get there

日本からはマカオへの直行便は、成田と関空から飛んでいる。また香港国際空港から、そのまま高速艇に乗り45分で行くこともできるので、マカオへの直行便で安いチケットがない場合は、香港経由がお得。

旅の手配
Arranging the trip

各旅行会社が、航空券とホテルを合わせたパッケージを販売しているので、別々ではなく合わせて購入する方がお得。パッケージは通常4、5日間が多いので、それに数日延泊する形で手配しよう。

［マカオ観光局］www.macautourism.jp

宿泊
Accommodation

様々なランクと種類のホテルがあるマカオ。近年はホテル建設ラッシュで、ラスベガスと並ぶ超大型カジノホテルが勢揃いしている。せっかく世界最大のカジノタウンに行くのだから、カジノが併設された大型ホテルに泊まりたいところ。

オススメのホテル
ヴェネチアン・マカオ・リゾート・ホテル www.venetianmacao.com
ラスベガスのベネチアンと同系列で、総客室数2874という超大型ホテル。イタリアのヴェニスをテーマにしたホテルで、館内には運河やゴンドラが再現されている。カジノが併設しており、シルクドソレイユの常設ショー「ZAIA」を見ることができる。

旅のヒント
Hints for the trip

- マカオは近距離なので目的を達成して早めに帰るなら、5日間で旅することも可能。
- マカオのカジノでは特別な服装が必要なわけではなく、普段着でOK。ただし、ビーチサンダルや短パンなどカジュアル過ぎる格好は避けよう。
- 現地にある観光案内所では無料の地図などが配布されている。フリータイムを充実させるために、まずは現地での情報収集を。
- マカオの治安は良いとはいえ、置き引きやスリには充分に注意しよう。特に夜の街で、手に入れた配当金を持ったままウロウロするなんてことは厳禁!

スケジュール例
Example Itinerary

1日目▶成田発～マカオ着【マカオ泊】
2日目▶マカオ滞在、フリー【マカオ泊】
3日目▶マカオ滞在、フリー【マカオ泊】
4日目▶マカオ滞在、フリー【マカオ泊】
5日目▶マカオ滞在、フリー【マカオ泊】
6日目▶マカオ滞在、フリー【マカオ泊】
7日目▶マカオ発～成田着

+3日あったら…
+3 more days?

手頃に追加できる香港に足を延ばそう。ビクトリアピークからの香港の夜景や、世界で最も新しい香港ディズニーランドなど見所はたくさん! またランタオ島やポーリン島など、香港から日帰りで行ける周辺諸島は、香港やマカオの喧噪と違い、のどかな風景が広がる。

11

TRIP: 11 / LOVE&PEACE な風に吹かれる旅

インドネシア・バリ
INDONESIA/BALI

ヒッピーたちが愛した島、神々の暮らすバリへ。自転車に乗って島を一周しながら、LOVE&PEACE な風に吹かれる旅。

数千ものヒンドゥー寺院が残ることから「神々の島」と呼ばれ、ヒッピーたちが愛してやまない不思議な魅力溢れる島、バリ。この島を一周し、その魅力をおもいっきり味わってみよう。バリ島一周の総距離は約400㎞。徒歩ではさすがに遠いし、車やバイクに乗るには短すぎる。そこで、この旅の移動手段は、自転車！　暑くも心地よいサンサンと輝く日差しのもと、透き通った美しい海からの吹く風に乗って走ろう。車であればただ過ぎ去っていく景色も、自らの力で進むことで、まったく異なる趣へと変わる。自転車だからこそ感じられる風や匂い、そしてそこに暮らす素朴で温かい人々の笑顔に出逢いながら、バリ島のすべてを味わおう。

HEAVENLY BALI

〜観光客は誰も行かない、天国のようなバリへ〜

バリ島の路上には、すべてがある。
天国も、地獄も、すべてな。

「神々の島」バリ島へ。いよいよ、出発!

バリ島は、観光客が行き交うビーチリゾートのイメージも強いが、昔から、LOVE&PEACEを求める世界中のヒッピーやサーファーたちを惹きつけ、「楽園」や「聖地」として語り継がれ、愛されてきた場所でもある。また芸術の村や数多くの寺院が溢れ、「神々の島」とも呼ばれている。バリ人たちの神々への信仰心は深く、毎日のように祈りを捧げ、その姿は美しく、まるで神と交信しているようにさえ見える。中には、過去や未来など様々なことを見ることができる「バリアン」と呼ばれる不思議な力を持った人もいる…。観光地を離れ、島に踏み込めば踏み込むほど、神秘的な雰囲気と、独特な時間が流れているのを感じるはずだ。

さあ、島を深く味わうために、あえて自分の力だけで進む、自転車で旅をしてみよう。まずはルートの確認。一番重要なのが回り方と毎日の目標宿泊地だ。本書のオススメは西ルートと呼ばれるいわゆる時計周り。車の通行量や坂道の強弱などを考慮すると、スタート地点のクタから、西へ向かう方が気持ちよく走ることができるからだ。ここからは、旅のイメージを。ひとつの例として参考にしてほしい。

1日目：クタ～ヌガラ

冷たい水で顔を洗い、眼を覚ます。初日はバリ島の中心街クタから、西部のヌガラを目指そう。この道は、交通量も多いので、まだ道路が混んでいない早朝に市街地を走り抜けよう。朝の清々しい空気を吸いながら、西へ西へと漕いでゆく。一速から二速、三速…と徐々にギアを上げていく。少しずつ重くなるペダルが妙に心地よく、気分を盛り上げる。この道は、バリ中部のタバナン辺りから山越えのきつい坂がいくつも続く。ハイテンションで登って行こう!

段々とバリな田舎風景が広がり始める。田んぼと海が広がる景色はとにかく感動だ!

また田舎へ行くほど、行き交う人の笑顔も素敵になっていく。子供から年寄りまで「ハロー！」と声をかけると「ハロー！」と笑顔で返してくれる。日本では忘れてしまっていた素敵な笑顔を自分が振りまいていることに、ちょっと苦笑い。
今日の目的地であるヌガラは、大筒のガムラン「ジュゴク」でとっても有名な地域だ。夜はジュゴクの音色に耳を傾けたり、明日に備えて宿でマッサージをしてもらったり…お好み次第で。

2日目：ヌガラ~ロビナ

若干の筋肉痛を感じつつも、西部から北部に向かう。景色は昨日と打って変わって荒涼とした景色が広がる。なんと、途中で道に猿が出てくることも！　道は坂も少なく楽に進める。途中のギリマヌクという街を過ぎると、車が驚くほど少なくなっていく。途中、ダイビングで有名なムンジャガン島へ渡るボートの船着き場があるので、そこで海を見ながら休憩し、昼食を楽しもう。
その後も、左に海を眺め、右に荒涼とした岩山を見ながら快走！　そして暗くなる前にはロビナに到着。オススメは山間の「バンジャール・テガ温泉」（水着着用）。酷使している身体には最高の癒しだ。ここはホテルのスタッフにでも頼んでバイクで連れて行ってもらうなりして、体力を温存しよう。

3日目：ロビナ〜東部アメッド

ロビナからシガラジャの街を通り、途中、海沿いにある湧き水のプール（イエサニ）でひと泳ぎしてリフレッシュ！　そしてのんびりと東海岸を疾走していく。道ばたで売られている魚のサテ（すり身の串焼き）は、忘れずにご賞味あれ。途中右手に、バリ島で一番高い山「アグン山」(3142m)が見えてくる。美しい山の傾斜に見とれながらも、安全運転！　よそ見運転には注意！　海沿いの村アメッドに到着したら、翌日の厳しい道のりに備えて、充分に身体を休ませておこう。

4日目：アメッド〜クタ

アメッドからは一気にクタ方面に行くルート。ダイビングでも有名なバタンバイを、ゆっくり走るルートなどもあるが、本書では別のルートをオススメしたい。名付けて「地獄コース」！　アメッドから海沿いを走るコースで、景色は最高！　海岸奥地には村々の港があり、「ジュクン」というアメンボのような姿の地元船が港に多く並んでいる景色は、とってもカラフルで美しい。しかし、道には大きなウェーブがいくつもあり、サイクリングとしてはまさに地獄…。でもそこを通るからこそ、バリの最高の「一周」が達成できるのだ。地獄コースをクリアして、バリ島一周、400kmを走り切った最高の達成感を味わおう。最後の夜は、チャンデダサかバタンバイで宿泊して、翌日はくれぐれもフライトに乗り遅れないように、クタまで戻って行こう。

自転車の旅だからこそ

バリ島は、磁場が強いとか、ヒーリングの聖地だとか、宇宙と交信しやすいとか…不思議な力が溢れるパワースポットだとも言われている。島を自転車で走りながら、そんな不思議な力を感じられるかもしれない。バリ島の路上には、すべてがある。天国も、地獄も…。いったいあなたは何を見つけるだろう。LOVE&PEACEな風に吹かれながら、ぜひ、バリのアイランドマジックを味わってほしい。

旅の予算
Budget

総予算 14万円～
※５泊７日／成田からの往復航空券・現地発着ツアー代金込み（一部食費除く）

総予算内訳

航空券の目安　８万円～
＊成田～デンパサール（ガルーダインドネシア航空／エコノミークラス往復）＝８～15万円

ホテル代金の目安　１泊５千円～
＊ツアー前後に３つ星ホテルに宿泊した場合。
※１部屋（２名利用）の料金、総予算には１名分を計上。

現地発着ツアー代金の目安　５万円～
＊３泊４日でバリ島を一周する現地発着ツアーに参加した場合。
※ホテル３泊、食事、サポート車が含まれたパッケージツアーの金額。

旅のシーズン
Best Season

バリ島は年間を通じて平均気温28℃と温暖な気候。いつ訪れても暖かい空気が歓迎してくれるが、なかでも乾期（4～10月）がオススメ。湿度が低く晴天が多いので、とても過ごしやすい。ただし日差しが強いので注意が必要。雨期（11～3月）は毎日雨が降るため、自転車旅には不向きなシーズンとなる。

行き方
How to get there

日本航空やガルーダインドネシア航空などが、日本からバリ島のデンパサール空港まで直行便を運行している。他航空会社の場合は、ソウルやシンガポールなどを乗り継いで行くことになる。注意したいのは帰国便。便によっては現地出発日の翌日に日本着となるので、事前に確認し、いつまでに日本に到着しておかなければならないのか把握しておこう。

旅の手配
Arranging the trip

現地で自転車をレンタルすることもできるが、ガルーダインドネシア航空では自転車持ち込みが無料となっている（2010年４月時点）ので、乗りなれた自分の自転車を持ち込むのがいいだろう。もちろん自身の力のみで回ることも可能だが、慣れない土地だけに、まずはツアーを組んで走ってみたい…という人は、「バリ島・日本人旅行情報センター」で自転車でのバリ一周ツアーを組むことができる。大きな荷物などは同行する車に預け、軽装備で走り続けることができる上、自転車のレンタルやホテルの予約などの相談にも気軽に乗ってくれるので、現地では非常に頼もしい存在となる。

［バリ島・日本人旅行情報センター］www.balibb.com

宿泊
Accommodation

バリ島を一周する現地発着ツアーに参加する場合、ツアー中のホテルはパッケージに含まれているので、手配する必要はないが、ツアー前後は宿泊が付いていないので、それぞれクタで手配する必要がある。クタ周辺にはバックパッカー向けのゲストハウスから超高級リゾートまで多数の施設がひしめきあっている。せっかくだから1泊はバリのリゾートも体験することをオススメしたい。

オススメのホテル

The Villas Bali Hotel and Spa　www.thevillas.net/japan

バリと言えば大型のリゾートホテルが有名だが、別荘感覚で使えるヴィラタイプの施設も人気がある。ここは客室がすべてヴィラタイプで独立している上に、プライベートプールが付く。1～3ベッドルームのタイプがあるので、カップルや友人同士で借りて、極上のバリ時間を過ごすことができる。

旅のヒント
Hints for the trip

- ツアーを組んで一周する場合でも、自転車という性質上、すべて自己責任となるため、必ず海外旅行障害保険に加入しておこう。
- サイクリング用の服や細かいパーツなど、必要なものは日本から持参する方が無難。
- 日中は日差しが非常に強いので、長袖を着て日光をガードすることをオススメする。下は短パンでもOKだが、日焼け止めを塗らないと、あとで泣くことになるので注意。
- サイクリング途中で、子供たちと交流することもあるかもしれない。ハーモニカや折り紙やチェキ、あるいは日本のお菓子や飴などがあるととっても喜ばれる。
- 本文中で紹介した「地獄コース」は非常に過酷。実際に走った人の中には、「もう二度と自転車では走りたくない」という人もいるほど。挑戦する場合は、覚悟の上で。
- 言うまでもないが、4日間走り続けるので、それなりの体力は必要。出発前の体力作りを兼ね、事前に練習しておくことをオススメする。

スケジュール例
Example Itinerary

1日目▶ AM成田発～デンパサール着、着後ホテルへ移動【ホテル泊】
2日目▶ 終日サイクリング【ホテル泊】
3日目▶ 終日サイクリング【ホテル泊】
4日目▶ 終日サイクリング【ホテル泊】
5日目▶ PM自転車でクタに戻り、ホテルへ移動【ホテル泊】
6日目▶ 出発まではフリー、深夜デンパサール発～成田へ
7日目▶ 成田着

+3日あったら…
+3 more days?

バリ中部奥地の田舎道を自転車で走るものや、標高1200mの活火山「キンタマーニ」から麓の街までの32kmを下り続けるサイクリングもある。自転車以外ではダイビングやサーフィンなどのマリンスポーツや、四輪バギーなどのアクティビティも満載。

TRIP: 12 / 生と死をリアルに感じる旅

12 インド
INDIA

路上を歩くだけで、もう、身も心もぐちゃぐちゃ? 目の前で焼かれる死体。子供たちの明るい笑顔。「生」と「死」が混ざり合う、ガンジス河への旅。

インド亜大陸を流れる全長2500㎞の聖なる大河・ガンジス。ここに生きる人々はそれを、ガンガーと呼ぶ。ガンガーとは、河の女神の名前だ。河の岸辺に連なる数十ものガート(沐浴場)には大勢の人が集まり、身を清め罪を洗い流すため沐浴をする。遙か東の空から朝陽が昇り、集まっている人々とバラナシの街に神々しい光を照らし、一日の始まりを告げる。喧しい物売りや物乞い、死者を炎に包むために薪を満載し運搬する船、遺体を火葬し空へと立ち上る煙、チャイ屋、ガートの洗濯屋。遺体、遺灰、糞尿、生活排水、灯籠などあらゆる物を呑み込む河・ガンジス。「生」と「死」が身近に混在する街・バラナシ。清潔、効率、洗練…を良しとする日本とは、あらゆる意味で正反対の場所に、一度、自分を投げ出してみないか?

TOUCH THE REAL
～むき出しのリアルに触れて～

ガンジス河は、破壊の神シヴァが流した聖水。
古い自分を一度ぶっ壊してみるには、最高の場所だ。
ガンジス河は、輪廻転生の象徴。
新しい自分を生み出すには、最高の場所だ。

変わり続けよう。
変わらないために。

旅人はインドを目指す

インドと聞いてイメージするのはなんだろうか。インドは、人口10億人、面積は日本の9倍、800種類を超える言語が話され、6種類の宗教が入り混じっている。また、砂漠からジャングル、ヒマラヤ山脈から美しいビーチリゾートまであり、27の世界遺産を有している国だ。これだけの情報でも、いかに複雑に、あらゆるものが入り混じっているか知れるだろう。

インドに住む人々の8割がヒンドゥー教徒で、彼らは、ガンガーの近くで死ねば、迷いの世界から脱することができると考えている。それ故に、この街は「死を待つ街」として最大の聖地になっているのだ。

大人から子供、聖人から悪人、大富豪から乞食までがひしめき合い、混ざり合う国、インド。いつの時代も旅人は、この地に魅了され、引き寄せられている。

いざ、バラナシへ

ガンガーのほとりの街、バラナシに降り立つと、人々の喧騒に圧倒される。リクシャー（三輪タクシー）の客引きや、物を売る人の声、車のクラクション、犬が歩き、牛が横切る。聖地らしい静寂さは皆無だ。さっそくここからが勝負！　次から次へと声をかけてくるリクシャーマンと値段交渉が始まる。値段交渉のスタイルは、人それぞれ。徹底的に値切りたい人は戦えばいいし、適度に値切りながら平和に過ごしたい人は、そうすればいい。とにかく、100円、200円で感情的になりすぎることなく、旅の楽しみのひとつとして、気ままに楽しもう。

リクシャーに乗り、道路に出ると、隣の車とはスレスレ、前を見てもギリギリ！　ヒヤヒヤしながら細い路地を抜けると、目の前がいきなり開け、大きな水面が目に入る。そう、聖なる河ガンガーだ！　リクシャーを降りたら、早速ガートを歩いて見よう。人々は河の水で体を洗い、口をすすぎ、洗濯をし、食事にも使う。子供は飛び込んで遊び、僧侶であるサドゥーは河に向かって祈っている。人々にとってこの河は、生活の場でもあり、信仰の場でもあるのだ。

またガンガーは、ヒンドゥー教の破壊の神シヴァから流れ出た聖水であり、河自体も女神とされており、沐浴すると罪が洗い流されると言われている。さあ、濁った水面に思い切って飛び込もう！　聖なるどぶ河に身体を浮かべ、見上げる空は、どんな色だろう？　でも水を飲んじゃうと絶対にお腹を壊すから注意。

चेतसिंहघाट
CHET SINGH GHAT

マニカルリカー・ガートで火葬の現場に立ち会う

メインガートから少し下ると、マニカルニカー・ガートという火葬場があり、そこでは毎日、街中から担がれ運ばれてくる遺体が順番待ちになっている。黄色の布に包まれた遺体は、一旦ガンガーの水に浸され清められ、組まれた薪の上に載せられ、隠されもせず焼かれていく。まるで、人間の丸焼き。チリチリと溶けていく髪の毛、燃えながらキューっと曲がっていくつま先、パチパチパチという人骨の割れる音、脳までしみてくるような人間が燃える匂い。人が焼かれている炎は、顔に温かく、煙はユラユラと空に消えていく。焼き場を管理している人は、ただ淡々と焼き、灰を河に流していく。人間ひとりが焼き尽くされ灰になるまでは約２～３時間。死体が灰になっていく一連の流れをじっと見つめてみよう。いつか誰もが死ぬ、というあたり前のことを、頭ではなく肌で実感するために。ちなみに河を南に遡ると、もうひとつの火葬場ハリシュチャンドラ・ガートもある。こちらの方が小さいが、その分、人は少なく落ち着いている。

マザーベイビースクールで、一日先生を体験!

ガンガーに掛かる浮き橋を渡り、マハラジャが住んでいたラームナガール城を過ぎると小さな町がある。そこに、日本人80人が自腹で渡印し、レンガをひとつひとつ積み上げ、ボランティアで作り上げた学校があるのだ。その学校の名前は、「マザーベイビースクール＆ロッヂ」。１階は貧しい家庭の子供が無料で通える学校で、現在20人を超える生徒が通っている。２階はゲストハウスになっており、旅人の宿泊費で学校の運営費がまかなわれ、子供たちが無料で通えるというわけだ。

交差点であるラームナガルチョークから200m過ぎ、ひとつ目の角を左に曲がると学校のサインが出ている。学校に近づくと子供たちが満面の笑みで、「遊ぼうよ！」と駆け寄ってくる。ここでは、サッカーでも歌でもダンスでも…自分の得意なことを子供たちに教えることが大切なボランティア活動になるので、ぜひ参加してみよう。生と死の混ざり合う街バラナシと、聖なる河ガンガー、そして、その対岸に生まれた子供たち。彼らが目をキラキラさせて生きる姿を見てほしい。

命をまっとうして焼かれている死体に。これからの未来を創る元気な子供たちに。まっすぐに向き合って心を開いてみた時、あなたの中で、何かが壊れ、何かが生まれてくるかもしれない。

旅の予算
Budget

総予算 11万円～

※5泊7日／往復航空券・ホテル5泊・空港や駅から宿への送迎込み（一部食費・国内交通費除く）

総予算内訳

航空券の目安　10万円～

＊成田～デリー乗り継ぎ～バラナシ（エアインディア／エコノミークラス往復）＝10～15万円

ホテル代金の目安　1泊7百円～

＊マザーベイビースクール&ロッヂに宿泊（1泊2食付）した場合の1人料金。

旅のシーズン
Best Season

基本的に1年中OK。その中でも12～1月の冬の間は、比較的過ごしやすい。3～5月は酷暑となる。

行き方
How to get there

日本からインドのデリーやムンバイなど大きな都市を乗り継いでバラナシ空港へ。もちろん、国内線の代わりに電車で行くこともできるが、電車の場合は間違いなく遅れる。半日以上遅れることもザラ。しかし、それもインドの魅力!? 時間に余裕がある方は、電車という選択肢もあり。バラナシ空港や駅からはオートリクシャーかタクシーで「ラームナガルチョーク」を目指す。ゲートをくぐり、200mほどまっすぐ行って、ひとつ目の角を左に曲がる。そこまで行ったら学校のすぐ近く。村人に聞けば教えてくれるだろう。値段交渉や行き方に迷ったら、すぐに学校へ電話しよう。

旅の手配
Arranging the trip

今のところツアーは行われていない。日本からバラナシまでの往復航空券を手配しよう。航空券の相談や、宿の予約は直接「マザーベイビースクール」へ。在住の日本人スタッフが対応してくれる。その他、不明点や問い合わせなどもお気軽に。

［オンザロード］ www.ontheroad.me

［マザーベイビースクール&ロッヂ］
www.ontheroad.me/join/india.html　TEL:+91-99186-91623（日本語OK）

※学校の授業があるので電話は、現地時間16～22時（日本時間19時30分～25時30分）に。

※サイト経由の問い合わせは、週1回程度のリアクションになる。お急ぎの方は電話で。

宿泊
Accommodation

バラナシの街中には、ドミトリータイプのゲストハウスから高級ホテルまで、様々なタイプの宿泊施設がある。予算と好みに合わせてアレンジしよう。対岸にあるマザーベイビースクール&ロッヂには、6人相部屋となるドミトリー（1泊1ベッド7百円）と、シャワー・トイレ付き個室のデラックスルーム（1泊1部屋2千円）の2種類がある。デラックスルームは何人で泊まってもOK。ただしベッドは3人寝ればいっぱいになる。

オススメのホテル
マザーベイビースクール&ロッヂ　www.ontheroad.me
ガートが並ぶバラナシの中心部の対岸だが、現地の子供達との交流ができるので、ぜひ旅に組み込んでほしい。理想としてはバラナシでマザーベイビースクール&ロッヂに2泊して、残り2泊をガンジスのほとりに数多く並ぶゲストハウスに泊まり、満喫することをオススメしたい。

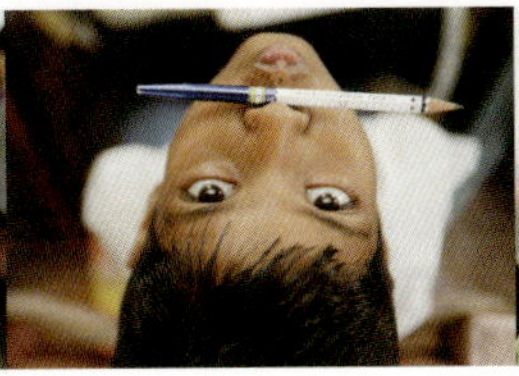

旅のヒント
Hints for the trip

- ぼったくりや置き引き、スリには充分注意しよう。
- 衛生上、お腹を壊しやすいので、生水や見るからに不衛生な食べ物は避けよう。
- 舗装されていない道もあるので、持ち運びやすい鞄でいこう。
- 火葬場の写真撮影は固く禁止されている。残された親族の気持ちも考え、興味本位で近づき過ぎないようにしよう。
- インドでは牛が聖なる生き物とされ、自由に道を歩いている。角の鋭い雄牛もいる。危険なので狭い路地で出会った時は、道を譲るようにしよう。
- デリーやコルカタから列車で行くことも可能だが、時間がかかる上に遅延も多々あるので、日数に限りがある場合は飛行機の方が確実。

スケジュール例
Example Itinerary

1日目 ▸ 成田発～デリー着【デリー泊】
2日目 ▸ AMデリー発～バラナシ着、PMフリー【バラナシ・ゲストハウス泊】
3日目 ▸ 終日フリー【バラナシ・ゲストハウス泊】
4日目 ▸ AM対岸のマザーベイビースクール&ロッヂへ、学校見学&交流【マザーベイビースクール&ロッヂ泊】
5日目 ▸ 学校見学&交流【マザーベイビースクール&ロッヂ泊】
6日目 ▸ AMバラナシ市街に戻り、バラナシ発～デリー乗り継ぎ～成田へ
7日目 ▸ 成田着

+3日あったら…
+3 more days?

せっかくならタージマハールを訪れよう。デリーからタージマハールのあるアーグラーまでバスで5時間、電車で3時間程度。美しいアーグラー城塞やファテープル・シークリーなど、世界遺産に登録されている観光地もあるので、ぜひ訪れてみたい。

TRIP: 13 / 幸せってなんだ？を肌で感じてみる旅

13 ブータン
BHUTAN

国民の9割が「今、私は幸せ」と答える国、ブータンの小さな素朴な村へ。心温まる、ほのぼのホームステイ体験!

国民の9割が「今、私は幸せ」と答える国。そんな国があるの?! あるんです! 国民総生産（GNP）＝金銭的・物質的豊かさではなく、国民総幸福量（GNH）＝精神的な豊かさ・幸せを政策の中心としている国ブータン。近代文明の流入を防ぎ、独自の伝統文化を残すために、外国人の自由旅行は許可されず、パックやツアーでないと入国できない国だ。国民のほとんどが農民で、歩調はみんなゆっくり。生活はいたって質素でシンプルで、仏教を篤く信仰している。犯罪なんてほとんどなく、優しく温厚な人々ばかり。さあ、悠々と自分たちの文化を生きる彼らの家に、ホームステイさせてもらおう。ひとつ屋根の下で、お母さんが作ったブータン料理を食べ、杯を交わし、石焼風呂に入り、今までとは違った時間の流れを体感しながら、幸せというものについて、ゆっくり考えてみる旅はいかが?

WHAT IS HAPPINESS?
〜幸せってなんだ？〜

幸せは、なるものではない。
もちろん、得るものでもない。
ただ、感じるものである。

“幸福”こそ人のそして国家の究極の目標!

窓の外にヒマラヤの山々が広がり始める頃、飛行機は降りていく。ブータン唯一の空港であるパロ空港は山々に囲まれていて、着陸難易度は非常に高く、その難しさは世界で3本の指に入るというほど。そんなスリリングな着陸の後、飛行機を降りると、そこは幸せの国・ブータンだ。男性はドテラにも似た“ゴ”を、女性は巻いて着る“キラ”という民族衣装を着ているが、顔も体格もほぼ日本人と変わらない。また気候も日本のように四季があったり、仏教文化の背景も持ち合わせていたりするので、なんだかちょっと懐かしい気分になる。

ブータンは、「経済発展が国としての究極の目的ではなく、“幸福”こそ人のそして国家の究極の目標!」とし、国民総幸福量、いわゆる幸せの指標、GNH (Gross National Happiness) を求める独自の概念を持ち、伝統を守ろうとしている国なのだ。

そういった背景から、20世紀後半まで鎖国に近い状態だったので、美しい自然と、自給自足を中心とした伝統的文化が手つかずのまま残っている。このような国情から、旅行に関しても制約があり、ブータンへの入国申請やビザ取得は、旅行会社を通じてしか行うことができず、自由気ままな旅は難しい。しかし、だからこそ、他では味わうことのできない感覚を体験できるわけだ。

さあ、空港でゴを着たガイドと落ち合い、笑顔であいさつを交わしたら、首都ティンプーに向かおう!

緑豊かな山々

ブータンの玄関口、パロを出ると、車はすぐに山深く入っていく。幾重にも重なる山々は豊かな緑に覆われ、澄み切った深い青をたたえる空には、いくつか白い雲が浮かぶ。1時間半も進めば首都ティンプーに到着。町というよりも村に近い様子で、人々の足並みもおだやか。市内の中心地にあるメモリアル・チョルテン (仏塔) や、ブータンの仏像仏具や動物の剥製など所蔵している国立博物館など観光地を巡る。ブータンは山岳地。車で向かうドチュラ峠は標高3000mを超え、そこにある展望台からは7000m級の山が立ち並ぶヒマラヤ山脈の東側が一望できる。まさに絶景だ!　見ているだけじゃつまらない!　ということでトレッキングへGO。ブータンの聖地とされるタクツァン僧院までトレッキングだ。ブータンに仏教を広めたグル・リンポチェという聖人が、チベットから虎の背中に乗って (!) ブータンを訪れた際、ここで瞑想をしたというのが起源。僧院が望める展望台まで山道をひたすら登る。僧院があるのは標高3000m地点。空気が薄いので驚くほど足が重い。無理をせずゆっくり歩こう。1時間ほど登った頃、なんでこんなところに?　と思うほど切り立った崖の途中に建設された僧院が姿を現す。荘厳で美しい姿に疲れも吹っ飛ぶだろう。

SMOKING IS

ホームステイ先へ

ブータンを思う時、やっぱり人々がどんな生活をしているか気になるところ。さあ、伝統建築で建てられたホームステイ先に向かおう。そこには農村風景が広がっている。ブータン国民の80%は農民なのだ。農作業を手伝ってみるのも、彼らの生活を垣間見る絶好のチャンス。農家は、1階が家畜小屋か物置、2階は居間や寝室、3階は穀物を置くスペースというのが典型的。釘をまったく使わずミゾとホゾを組み合わせて作っており、築50年を超える建物もざらに見かける。敬虔な仏教徒であるため豪華な仏間もあり、ここが客間として寝室となることもある。実はブータン人はお風呂が好き。ホームステイ先では“ドツォ”という石焼お風呂が用意されている。焚き火で焼いた石を湯船の隅に入れて、水を温めるのだ。石を焼くのは時間がかかるので、バター茶でも飲んでのんびり待とう。熱した石を入れるとジュワー！　という音が響き湯気が立ち込める。さあ、お湯が温まってきたらさっそく入ろう。体が温まったら一言。あー、幸せ…。

世界一辛い!? ブータン料理

お風呂からあがったら食事を楽しもう！　ブータン料理では、唐辛子は野菜の一種として使われ、世界一辛いと言われている。エマダチという生唐辛子とチーズの煮込みといった定番料理や、ジャガイモと唐辛子の煮込みケワダチ、豚肉煮込みのパクシャなどを伝統的な赤米と一緒に食べる。他にも麺や野菜、果物など食べ物の種類は豊富。ホームステイ先では、料理のお手伝いをしつつ、愛情たっぷりの家庭料理をみんなで食べよう。もちろん、辛いのが苦手な場合は辛さ控えめに料理してくれるし、辛くない料理もあるのでご安心を。

焼酎のようなアラというお酒もあるので、家族と一緒に、ぜひ。ブータンは一般的にゾンカ語を使うが、カタコトの英語を話せる人も多いので、話せる範囲で、彼らの暮らしについて聞いてみるといい。お酒を片手に、幸せのヒントが得られるかもしれない。

ブータンの幸福生活

食べ物は困らないほどあり、学校も医療も無料。インターネットもテレビもあり、世界の情報はいくらでも手に入るのに、独自の文化を追求するブータン。国中の農村に広がる景色をぼーっと見ていると、なんだか懐かしい風景に出逢う。田んぼの間の田舎道、花の色や、虫の飛ぶ音、夜空に見える満天の星が、いつもより身近に感じてくる。輪廻を信じるブータンの人々は殺生を嫌い、上品で優しく、隣人に対し自己中心的にならないことを重んじる。彼らの穏やかな雰囲気は、きっとここから来ているのだろう。

決して日本のように経済的に裕福ではないだろう。しかしこの国には確実に幸福が溢れている。どこか、昔の日本を思い出させるブータンで、素朴な家族に囲まれて、のんびりと過ごしながら、自分にとっての幸せを思い描いてみよう。

旅の予算
Budget

総予算 29万円～
※5泊7日／成田からの往復航空券・宿泊5泊など込み（一部食費、ガイドへのチップ除く）

総予算内訳

日本発着ツアー代金の目安　29万円～
＊成田～バンコク乗り継ぎ～パロ往復航空券、バンコクでのホテル1泊、ブータン国内でのホームステイ4泊、現地係員、ホストファミリーとの交流などが含まれたパッケージツアーの金額。

旅のシーズン
Best Season

基本的に1年中OK。6～9月が雨期、10～5月が乾期とされている。6～8月頃の夏は30℃くらいまで上がる時もあるが、日本よりは心地よく感じる。11～2月は冬となり気温も下がり、時々雪が降ることもある。また標高差の激しい国でもあるので、行く予定の場所がどのくらいの気温になるか、事前に調べておこう。

行き方
How to get there

日本からはバンコクで乗り継いでパロへ。バンコクで同日乗り継ぎができず、1泊してからパロ行きの飛行機に乗る場合が多い。パロからはガイド付きの車で移動する。

旅の手配
Arranging the trip

ブータンへは現地旅行社を通してビザを取らないと入国できないので、ツアーなどに参加して旅行するしかない。
本書でオススメなのは、30年以上に渡ってブータンの旅を手掛けている「西遊旅行」。普通の観光旅行では物足りない、とことんブータン人と触れ合いたいと言う方にオススメのコースが用意されている。団体旅行だけではなく、1名の個人旅行もOK。希望をすれば日本語ガイドの手配も可能。

［西遊旅行］www.saiyu.co.jp
参考ツアー「とことんブータン体験 7日間～素顔のブータンに出合う旅～」

宿泊
Accommodation

滞在中は、バンコクでの中級ホテルでの1泊以外の4泊は、すべてブータンの農家などでのホームステイとなる。パッケージツアーなので、宿泊を自分で手配する必要はない。

旅のヒント
Hints for the trip

- ブータンは標高差が激しいので、天気や気温は場所によって異なる。参加するツアーに応じて持って行く衣類などが変わる可能性があるので、旅行会社で確認しておこう。
- ホストファミリーへ、小さくていいのでお土産があると喜ばれるし、良い交流のきっかけになるかも。
- ブータンは個人旅行を原則禁止している国。現地同行ガイドと行動を共にし、指示に従おう。
- 敬虔な仏教国なので、お寺などでは周囲の雰囲気を乱さないように注意しよう。
- ホームステイはあくまで他人の家にお邪魔するもの。ホストファミリーの迷惑になることや嫌がられることは決してやらないようにしよう。

スケジュール例
Example Itinerary

1日目 ▸ 成田発～バンコク着、送迎車でホテルへ移動【バンコク・ホテル泊】
2日目 ▸ バンコク発～パロ着、送迎車でホームステイ先へ移動【ホームステイ泊】
3日目 ▸ チェレラ峠を越えてハへ、ハ周辺散策【ホームステイ泊】
4日目 ▸ 終日、ハ周辺散策や農作業の手伝いや食作りをお手伝い【ホームステイ泊】
5日目 ▸ 終日、ハ周辺散策や農作業の手伝いや食作りをお手伝い【ホームステイ泊】
6日目 ▸ 送迎車でパロ空港へ、パロ発～バンコク乗り継ぎ～成田へ
7日目 ▸ 成田着

+3日あったら…
+3 more days?

10日やそれ以上の期間でのブータンツアーがある。より多くの場所を訪問できるので、ブータンの多彩な景色や町並みを見ることができる。また、帰国時にバンコクや南部のプーケットなどへ足を運び数日滞在するのも面白い。

写真提供「西遊旅行」www.saiyu.co.jp

TRIP: 14 / 人生は助け合い！を実践する旅

14 タイ THAILAND

12の部族が住む秘境、緑豊かなタイの山奥へ。独自の文化を持つ山岳民族の家族と暮らしながら、彼らを支援するボランティアに参加！

南国のイメージが強いタイだが、北部は緑豊かな山岳地帯が広がっている。ラオスとミャンマーに接するチェンライでは、派手な色の生地にたくさんのパッチワークを施した衣装を着ているラフ族、大きくて重い兜をかぶり、8月末～9月頭にかけて村人全員がブランコをするアカ族など、12もの民族が独自の生活を営んでいる。しかし現在では、貧困、子供や女性の売買春、文化・伝統の侵食、村の過疎化、学校における教育不足など、多くの問題を抱えている。その解決のために少しでも協力しようと、NGO団体による山岳民族支援のボランティアが行われているのだ。なんだか懐かしさを感じる彼らの家に泊まり、一緒に笑い合えば、あっと言う間に村の一員。さあ、おもいっきり楽しみながら、彼らの文化を守るお手伝いをする、最高のボランティアに参加してみよう!

DO MY BEST

～自分にできることを、精一杯やってみるのみ～

力の合わせっこ。
すごくいいね。
僕はこの言葉大好き。

高橋吾郎（goro'sオーナー）

魔のゴールデントライアングル

バンコク空港を降りると、東南アジア特有のムワッとした熱気に包まれる。空気もスパイスが混ざったような独特な匂いになり、「タイにやってきた！」という気持ちがこみ上げる。しかし、そこからさらに飛行機を乗り継いで北部の山岳地へ向かうと、同じタイでも気候がガラリと変わる。チェンライは、神秘的な山々が連なり、朝夕は涼しくなることも少なくない。19世紀にタイ、ミャンマー、ラオスがメコン川で接するこの地帯は「黄金の三角地帯」と呼ばれ世界最大の麻薬密造地帯であった。当時は国家権力も及ばない魔境として知られていたそうで、最近まで外国人旅行者の入場は認められていなかったほど。現在タイ国内では取り締まりの強化や経済成長により生産はほぼ消滅し、治安も良くなったため観光も進んでいる。

狩猟採取民のラフ族の村へ

のんびり暮らす山岳の民。かつて、焼畑を中心に自給自足していた彼らの地域が、今は、国森林保護地域や国立公園になってしまい、それに伴い生活が難しくなっているのだ。言語や文化の違いにより、収入が得られる良い職業に就けず、貧困に苦しみ、子供や女性の売買春、村の過疎化など多くの問題が起きている。そういった状況をなんとかしようと、ここではいくつかのNGOが支援に入っていて、山の村における学校の支援活動、少女たちを売春から守る活動を行っている。
まずはそれらの支援を行うNGO宿舎に宿泊し、活動内容や村でのマナーなどの説明を受けよう。それから、狩猟採取民のラフ族の村へと向かうのだ。緑に囲まれた小道を約1時間歩くと、小さな家が並ぶ村に到着！　人々は温和で、とても優しい。村を歩けば、カラフルな衣装を着た人々や宗教儀式など、これまで見たこともない文化に触れ、驚くだろう。この日はこの村でホームステイだ。村人たちと一緒に散歩をしたり、山菜を採ったり、ご飯を食べたりしながら、交流を楽しもう。

続いて、ブランコ祭りで有名なアカ族の村へ

翌日は、狭く急な山道を歩きアカ族の村へ。アカ族では8月末～9月頭にかけての4日間、「ブランコ祭」という、その名の通りブランコに乗るお祭りがある。無邪気に遊ぶ彼らに、こちらのテンションも激上がり！

この日はこの村にホームステイ！　斜面に貼り付くように広がっている家は、とても簡素で、生活も質素なものだ。不便そうで、なんだか可哀想な気がするが、村人たちはみんな、のんびりしていてとても幸せそうなのだ。子供たちの目はキラキラしていて、元気よく駆け回っている。はにかんだ笑顔も純粋でかわいい。猫も犬も牛も豚も、みんな野放し…。感じたことのない空気感に包まれ、普段は便利な日本に住んで、しかめっ面で満員電車に乗っている自分の価値観が揺らいでしまうかもしれない。あれ？　幸せに生きていくうえで、大切なものってなんだろう？って。

さあ、山の民と一緒に作業しよう

見学とホームステイの後は、ボランティア体験だ。内容はいろいろ。小学校で日本語授業をサポートしたり、チャイルドセンターで子供たちの世話をしたり、NGOや村で施設建築を手伝ったり、古着の仕分けをしたり…。その時に必要とされている活動をNGOスタッフと一緒に行う。

暑くて、汗はダラダラ。辛い時もあるかもしれない。だけど、ホームステイをした村を思い出すと、彼らの顔が頭に浮かび、力が沸いてくるから不思議だ。一緒に力を合わせて作業した現地の人たちと交わした笑顔は、一生ものの思い出となるはず。夕方になると、かわいい笑顔の子供たちに「遊ぼうよ！」と誘われて、ついつい調子に乗って一緒に遊びまくり。気付けば、心地良い疲れに包まれている。

現地最終日。家族の一員のように大切に象を飼いならしている「象使いの村」カレン族の村へ行く。それもなんと象に乗って！　優しい目をして、ゆっくり歩く象の背中は、ゆらゆらして気持ちがいい。象使いの仕事が少なくなっている昨今では、この象に乗るということ自体も大切な支援となっているのだ。

世界にはいろいろな文化があって、同じアジアですら知らないことがたくさんある。この旅を通し、まったく違う文化に触れた時、共に尊重し合って生きることの大切さや、助け合うことの素晴らしさに気付かされるはずだ。

旅の予算
Budget

総予算 16万4千円～

※5泊7日／成田からの往復航空券・ホームステイなど宿泊5泊・空港や駅からホテルへの送迎込み（一部食費、ガイドへのチップ除く）

総予算内訳

日本発着ツアー代金の目安　16万4千円～

＊成田～バンコク乗り継ぎ～チェンライ往復航空券、ホテル・ホームステイ・NGO施設での5泊、チェンライでの食事、NGO施設でのアクティビティなどが含まれた金額。

旅のシーズン
Best Season

12～1月はとても寒くなるが、基本的に1年中観光が可能。興味があったら、まずは日本発着コースの出発日を確認してみよう。

行き方
How to get there

成田からバンコクを乗り継ぎ、チェンライへ。チェンライからはNGOの送迎車などで移動する。すべてパッケージになっているので、自分で移動手配をする必要はない。

旅の手配
Arranging the trip

現地でのボランティアは事前に準備が必要なので、多くの場合がツアーやコースとなっている。本書でオススメするのは「STA TRAVEL」。日本人コーディネーターが駐在していて、トレッキングをしながら3つの村を訪問し、ホームステイ体験もできるコースを扱っている。バナナの葉で包まれたお弁当や、竹のご飯作り体験、象乗り体験など、通常の観光旅行では決して触れることのないユニークな体験が多数。

［STA TRAVEL］www.statravel.co.jp

参考ツアー「タイ・チェンライにてNGO山岳民族支援ボランティア体験7日間」

宿泊
Accommodation

現地ではNGOの宿泊施設で2泊とホームステイが2泊、また帰りの乗り継ぎでバンコクのホテルに1泊する。なお、NGO施設では男女別の相部屋、ホームステイは場所によって1人部屋か相部屋となり、希望は受け付けていないので、あらかじめ理解しておこう。

宿泊するホテル（一例）

Twin Towers Hotel Bangkok　www.thetwintowershotel.com

バンコク市内の中心にある便利な大型ホテル。紹介したコースではチェンライからバンコクに戻った夜から成田行きのフライト時間までの滞在になるが、ホテル周辺を散策してみるのも良い。
※あくまでも一例。コースによって異なるホテルの場合があります。

旅のヒント
Hints for the trip

- この旅のメインテーマはボランティア。積極的な姿勢で臨めば臨むほど、得るものは大きい。
- 現地係員、及びNGOのスタッフ、そして村人からの指示やお願いには誠実に応えよう。
- 森林地帯を移動するので、汚れてもいい服で行こう。
- 大自然の中でのボランティア活動になるので、虫除けスプレーなどが役に立つ。日本から持ち込む場合は、圧縮型スプレーは飛行機に持ち込めないので、圧縮型以外のものにしよう。

スケジュール例
Example Itinerary

1日目▸ 成田発〜バンコク乗り継ぎ〜チェンライ着、送迎車で宿泊施設へ移動【NGO宿泊施設泊】
2日目▸ AM朝食後、活動内容や村でのマナーなど説明を受け、徒歩でラフ族の村へ（約1時間）【ホームステイ泊】
3日目▸ AM 朝食後、村の寺子屋見学、山菜とり体験、PM 徒歩でラフ族の村へ（約1時間）、アカ族の村見学と歌と踊り鑑賞&参加【ホームステイ泊】
4日目▸ 終日ボランティア活動【NGO宿泊施設泊】
5日目▸ AMボランティア活動、PM象に乗ってカレン族の村へ、その後、送迎車でチェンライ空港へ、チェンライ発〜バンコク着【バンコク泊】
6日目▸ PMバンコク発〜成田へ
7日目▸ 成田着

+3日あったら…
+3 more days?

ボランティア活動は決められた日数で、あらかじめ準備されたものなので気軽に延長はできない。もしもう少し滞在日数を増やしたいなら主催している旅行会社に相談してみよう。帰国時にグループから離脱し、バンコクや南部のプーケットなどへ足を運び数日滞在するのも面白い。

TRIP: 15 / 悲しみから立ち直るパワーをもらう旅

15 カンボジア CAMBODIA

カンボジアの村でホームステイをしながら、過去の痛みと、現在の活気をリアルに体験。悲しみから立ち直るパワーをもらう旅!

誰の人生にも悲しいことや辛いことがあるように、どの国にも、悲しい過去や辛い過去がある。特に、20年以上も続いた内戦や大虐殺によって、数百万人の国民が亡くなり、社会システム自体が崩壊し、大きな痛みを背負ってしまったカンボジア。でも、今、この国は、その悲しみから立ち直ろうと、国民全員が必死になって生きている。そんなカンボジアの家族の家にホームステイさせてもらいながら、路上を歩き、人々と戯れながら、この国の背負った過去の痛み、そして、現在の活気を、あなたもリアルに肌で感じてみないか?　そんな時間を通して、きっと、あなたの心の中にも、悲しみを乗り越えて、前に向かうパワーが溢れてくると想う。辛いことを乗り越えようと頑張っている人には、特にオススメしたい、カンボジアの路上で元気をもらう旅!

NO RAIN NO RAINBOW
～雨が降るから、虹も出る～

オレは、今、ここにいる。
そして、常に、今いる場所から、前を見る。

リアルに触れる旅へ

カンボジアと言うと、もちろん、世界遺産でもあるアンコールワットが有名だが、この国は、驚くほど悲劇的な歴史を抱えているのをご存知だろうか。
最大の悲劇が起きたのは、今から約30年前、1970年代後半。独裁者ポル・ポトが政権を握っていた時代だ。1975年にポル・ポト政権が成立し、彼は究極の共産主義を目指した。都市の無人化、農村への強制移住、学校教育の廃止などを断行し、カンボジアの社会制度を崩壊させた。反対したあらゆる人々は、次々に捕らえられ、処刑されていった。カンボジア大虐殺だ。虐殺の数は諸説あるが、200万人以上とも言われている…。それは、全人口の10%以上、約7～8人にひとりの計算で、国民が殺害されたことになる。日本からもさほど遠くない国で、たった約30年前に起きた紛れもない現実。そのリアルを胸に歩くカンボジアの路上の旅は、きっと、あなたに様々なものを投げかけてくるだろう。

首都プノンペンへ

旅のスタートは、首都・プノンペン。東南アジア特有の人やバイクの多い、雑然とした街が広がっている。今を必死に生きている、未来に向かって頑張っている、そんなオーラを発する多くの人が街を行き交い、活気に溢れている首都だ。
まずは、中央市場であるセントラルマーケットを覗いてみよう。中央に大きなドーム状の建物を囲む様に生鮮食品、貴金属、雑貨屋が立ち並び、飲食店も多い。何でも揃うこの市場を見るだけで、カンボジアの今の活気を感じることができる。
もうひとつの名所は、元外国人記者クラブを改装したバー兼ホテルの「FCC」。かつては、世界中のジャーナリストが集まり、命懸けでカンボジアの惨状を発信していた拠点だったが、現在はメコン河のほとりで、プノンペンを一望できる素晴らしいバーに生まれ変わっている。惨状を伝える拠点から、人々が集まり楽しむ場所へ。ここも未来に向かうエネルギーを感じられる場所だ。建物の中には当時の記者たちが収めた写真も展示されているので見てまわりたい。

胸が痛む悲劇の現場へ

そして、首都プノンペンには、カンボジア大虐殺の悲劇の舞台のひとつ、拷問・処刑場ツールスレーンがある。現在は国立の博物館になっている。「収容されたら死ぬまで出られない」と言われていた通り、数万人が収容されていたにも関わらず、生存者は10名にも満たなかったと言う。ツールスレーンは元学校だった。子供たちが通っていた教室が、拷問や処刑のための場所に変わったのだ。校庭の鉄棒でさえ拷問に使用されていたらしい。部屋の中には拷問中の写真が展示されている。拷問の手法を紹介しているものもある。別の部屋には収容された人たちの顔写真が展示されていて、いくつもの絶望のまなざしが心に突き刺さる。
そして、虐殺数が増えるにつれて処刑場兼、遺体を捨て去って行ったキリング・フィールドへ。名前の通り「殺戮の野」だ。入口を抜けると、塔が目に入る。現在は慰霊塔となっていて、中には発掘された数多くの人骨が祭られている。さらに裏側にまわれば、かつて人を殺しては埋めていた穴も残っているのだ。当時を想像すると恐怖で身体が震えてくるだろう。このリアルを目にした時、あなたの心は、どう動くのだろうか。

55
326

ホームステイをしよう

街の中をさまよったあとは、プノンペン郊外の小さな村を訪ねて、ホームステイ体験。ゆったりとした素朴な時間の中、笑顔がかわいい子供たちに囲まれ、一緒に遊んだりしながら、家族の一員となって過ごす。路上を歩いていても、過去の悲劇などほとんど感じないほど、明るく、そして温かい。しかし、このように平和そうに見える村でも、家族の中にひとりは殺された人がいると言われているのだ。そこには想像をはるかに超えた重みがある…。だが、悲しんでいるだけでは、食ってはいけない。未来へと生きる彼らの温かいエネルギーに触れていると、なんだか自分にも力が湧いてくる気がするから不思議だ。

旅の終わりにアンコールワットを

最後にカンボジアの国旗にも描かれている国家の象徴、アンコールワットへ。ただ観光で行けば、美しいだけの世界遺産かもしれない。しかし、ディープでリアルなカンボジアに触れた後で見ると、まったく違う感覚を得られるはずだ。自転車を借りて遺跡をゆったり巡ってもいいし、トゥクトゥクという３輪車を借りて陽気な運転手と交流しながら風を切るのも気持ちいい。そして、ラストに、この国の人々の発する空気、苦しさを乗り越えようと頑張っている空気に包まれながら、アンコールワットの極上の夕焼けを。それは、もしかしたら、今までの人生で最高の夕焼けになるかもしれない。
さぁ、明日へ向かって。陽はまた昇る。

旅の予算
Budget

総予算 9万円〜
※5泊7日／成田からの往復航空券・現地交通費・ホームステイ・宿泊費込み（一部現地交通費、入場料、食費除く）

総予算内訳

航空券の目安　8万円〜
＊【往路】成田〜バンコク乗り継ぎ〜プノンペン／【復路】シェムリアップ〜バンコク乗り継ぎ〜成田（タイ国際航空／エコノミークラス「オープンジョー」往復）＝8〜13万円

現地発着ツアー代金の目安　1万円〜
＊ゲストハウス3泊、ホームステイ2泊、プノンペン〜シェムリアップのバスなどが含まれたパッケージツアーの金額。

旅のシーズン
Best Season

1年を通して高温多湿。11〜2月は雨も少なく、比較的涼しいのでオススメ。4〜10月は雨期となり、1日1、2時間スコールが降る。3〜4月は非常に蒸し暑く40℃を超えることもある。

行き方
How to get there

日本からカンボジアへの直行便は今のところ存在しない。アジアの主要都市を乗り継いで行くことになる。代表的なのはバンコクやホーチミン、シンガポール、ソウルなど。また往路での到着地と復路での出発地を異なる都市にできる「オープンジョー」というチケットを購入すると、プノンペンから入国し、シェムリアップから帰国できるので便利。

旅の手配
Arranging the trip

航空券は日本語のサイトなどで入手できる。「オープンジョー」のチケットを購入する際は、サイト内「片道」「往復」のタブの隣にある「複数都市」を選択すれば検索できる。
現地でのホームステイは、あらかじめ現地旅行会社に依頼し手配する必要がある。自分が手配する航空券以外を、まとめて旅行会社に手配してもらうのがいいだろう。
本書でオススメするのは、日本人向けの現地旅行会社「NCT ニュー カンボジア ツアーズ」。日本人スタッフも常駐しており、社員の大半が流暢な日本語を話す。現地ならではの豊富な知識で、様々な宿泊、アクティビティ、送迎などを手配してくれる。お問い合わせはまずはメールで。

[NCT ニュー カンボジア ツアーズ]
www.nctvoyage.com / MAIL:info@nctvoyage.com

宿泊
Accommodation

プノンペンとシェムリアップには、格安のゲストハウスから高級ホテルまで揃っている。特にシェムリアップは近年、大型のリゾートホテルの建設ラッシュが続いている。高級・大型ホテルはサイトなどから直接手配できるが、ゲストハウスや３つ星ホテルは現地旅行会社を通して予約する方が安全。予算に合わせてお好みの宿を手配しよう。

オススメのホテル

【プノンペン】NCT Little Tokyo Building　www.nctvoyage.com/littletokyo/

日本人向けの旅行会社が経営するゲストハウス。プノンペンの中心にあり大変便利な立地。３室のみのこぢんまりとしたゲストハウスだが、全室にプライベートバスルームがあるのでホテルより割安で快適に過ごせる。また１階が旅行会社になっているので、旅の相談も気軽にできて心強い。

【シェムリアップ】NCT Little Tokyo Lodge　www.nctvoyage.com/littletokyo/

日本人向けの旅行会社が経営するゲストハウス。アンコール遺跡や空港には車で10分、非常にアクセスが良い。豪華な設備はないが、冷房付きの個室で１泊１千以下で快適に泊まれる。

旅のヒント
Hints for the trip

- カンボジアは年中、高温多湿。日中は結構な汗をかくので着替えを多めに持っていくか、現地で洗濯できるように準備しておこう。
- 夜のプノンペンでは危険なので、ひとりで歩く際は充分に注意をしよう。
- プノンペン、シェムリアップ共に生水は飲まないように。必ずミネラルウォーターを飲むようにしよう。
- 街も遺跡も、晴れていれば土が舞ったり、雨が降れば地面がぬかるんだりするので、汚れてもいい服装で行こう。
- ひとり旅なら、移動手段はバイクタクシーがオススメ。料金は交渉制になるが、自分が納得できる料金まで交渉したら、気持ちよく利用しよう。交渉も旅の楽しみのひとつだ。

スケジュール例
Example Itinerary

- **１日目**▶成田発～バンコク乗り継ぎ～プノンペン着、ホテルへ移動【プノンペン泊】
- **２日目**▶終日プノンペン散策（博物館見学など）、ガイドと共にホームステイ先へ【ホームステイ泊】
- **３日目**▶終日ホームステイ先で交流、村の散策など【ホームステイ泊】
- **４日目**▶AMバスでシェムリアップへ移動、PMシェムリアップ市内散策、その後ホテルへ移動【シェムリアップ泊】
- **５日目**▶終日アンコール遺跡散策【シェムリアップ泊】
- **６日目**▶PMシェムリアップ発～バンコク乗り継ぎ～成田へ
- **７日目**▶成田着

+3日あったら…
+3 more days?

シェムリアップでの滞在を延ばして、じっくりと遺跡を巡るのがオススメ。アンコール遺跡には、有名なアンコールワットや木が絡み合うタプロームなど数多くの遺跡がある。ちょっと離れた所にある、美しい彫刻が残るバンテアスレイも、ぜひ。アンコール遺跡は、何日でも飽きることなく楽しめる場所だ。

TRIP: 16 / 地の果てで暮らしてみる旅

16 ノルウェー NORWAY

人類が暮らす最北の町へ。
北極に一番近い島、スピッツベルゲンで、極地の自然に包まれて、地の果てライフを満喫!

ノルウェー最北、そして北極に一番近いスヴァールバル諸島。数億年の歴史を語り続ける蒼白い氷河や、切り立つ山々。極地でしか見ることができない暴力的にすら感じてしまう自然の迫力には圧倒される。氷や雪で覆われた大地で頬を撫でる凍てつく空気が心地よい。寒さに負けず、背筋を伸ばして、北の方角を見れば、そこは、もう、地球のはじっこ、北極だ。そんな厳しい極地で暮らす人々や動物たちのキラキラした息吹に触れると、地球という星の多様さ、人間が暮らす場所の選択肢の広さを、実感せずにはいられないだろう。日本から7日間で行って帰ることができる北極圏の島、いざ極地へ!

END OF THE WORLD
～地の果てに立ち、あなたは何を想う？～

ここには、無駄なものが何もない。
シンプルで、カラフルで、ピースフルな世界。
あなたも、ここで、無駄なものは、すべて捨てていきなさい。

人が暮らす最北の「町」へ

成田を午前中に出発して、ヨーロッパで乗り継ぎ、ロングイヤービュエンへ。人口が1000人を超える町としては世界最北、まさに世界の北の果てに位置するこの町。時差をちゃんと調整して、既に現地時間は深夜になっているはずなのに、なぜか外は明るい。そう、北緯78度15分に位置するこの地は、夏の時期は「白夜」となり、陽が沈まないのだ。またこの島の大地の大半は永久凍土、つまり大地そのものがずっと凍っている。だから、死体を大地に埋めたとしてもずっと腐らないので、埋葬は禁止になっている。それほどの北限の地。空も空気も大地も、今まで触れたことがない「極地」の世界。驚くことだらけだ。

島を巡るクルーズへ

到着翌日は、日帰りクルーズでこの島を巡ろう。雄大なエスマルク氷河が北極海に流れ落ちる姿を見ることができる。氷河のみならず一面に広がる白い世界に息を呑む。もちろん、氷河はここまで来なくてもアラスカやニュージーランドでも見られる。しかしスケールがまったく違うのだ。極地の氷の世界は、何人も近づけない、怖いくらいの迫力を持っている。圧倒的な自然を目にすると、人間はとても勝てないと感じざるを得ない。日々の文明世界では、自然のことなど気にせず欲しい物を手に入れ、食べたい物を食べる。しかしそういった行為が、地球温暖化を招いているとしたら…この自然を目にした時、きっと何かを感じるはずだ。

ノルウェーにあるロシアの村、バレンツブルグ

スピッツベルゲンを含むスヴァールバル諸島はノルウェー領だ。しかしその島に、ロシア人ばかりが住む村がある。ここはかつてソビエトが築いた炭坑で、今もロシア人やウクライナ人が炭坑を続けている。しかし彼らはノルウェーのビザは必要としていない。1920年に発効されたスピッツベルゲン条約によって、加盟国の国民は誰でもスピッツベルゲンに暮らし、働くことができるようになっているのだ。ちなみに日本も加盟国！だからもしこの島が気に入ったら、そのまま合法的に暮らしてもOK！　まさに人生が変わる瞬間だが、果たしてそんな強者はいるのだろうか?!

数千年前の氷の大地をゆく

街の中心より12㎞ほどのニュービュエンから、山をひとつ越えて、氷河トレッキングにチャレンジ！　クレバスに気をつけながら、ガイドと繋がる命綱をギュッと握りしめる。靴底に装着したアイゼンの鉄爪を一歩ずつ氷に突き刺しながら先へ進む。海抜849mのトロールスタイネン山頂に到着すると、そこには360度、極地の絶景が広がる。白銀の氷河、切り立った山、どこまでも続く青い空…そんな壮大なパノラマを眺めながら人生史上最北の極寒ランチを楽しんじゃおう！　なんだか自分がマッターホルンやエベレストを登り終えた冒険者になったような、そんな爽快な気分になれるはずだ。極地ではとにかく人の気配を感じない。ただただ、自然の凄まじい強さを体感する。決してひとりでここにいたくはないという恐怖感すら感じるほどだ。

出発前日はお好みで

3日目は、基本的には自由行動。ロングイヤービュエンを散策するもいいし、オプショナルツアーで1億5千万年前の化石探し（発見できたら持ち帰れる！）や、カヤックとトレッキングで、より一層極地の姿を楽しむのもオススメだ。特にカヤックに乗って、氷河の流れ落ちる海を自分の力で進んで行くのは、最高に気持ちがいい！

最後の夜は極北バーベキュー！

最終日は旅の仲間とのバーベキュー。短い期間だったが、大自然の景色を共有した仲間たちと焚き火を囲む時間は、至福のひとときだ。まだ一握りの人しか触れていない極地。お互いに何を見て、何に感動したか語り合おう。見たもの同士だから共有できる感覚。帰国して友人に話しても、なかなか伝わらないもの。極地に「行ったことがある人」しか分からない、素晴らしさと美しさと恐怖を、仲間と共に噛みしめよう。

旅の予算
Budget

総予算 47万円～
※4泊6日／成田発着のツアー代金（一部食費、ガイドへのチップ除く）

総予算内訳

日本発着ツアー代金の目安　46万8千円～59万8千円

＊成田～ヨーロッパ主要都市乗り継ぎ～ロングイヤービュエン往復航空券、添乗員同行、宿泊4泊、一部食費、日帰りクルーズ、トレッキングが含まれたパッケージツアーの金額。

旅のシーズン
Best Season

スピッツベルゲンは年間を通して訪れることができるが、人気なのはやはりアクティビティが豊富な夏。もしくはオーロラ目当てで、秋から冬に訪れる人もいる。6～8月の最も暖かい時期で、平均気温は10℃以下。

行き方
How to get there

日本からはコペンハーゲン、オスロといったヨーロッパ主要都市を乗り継いで、スピッツベルゲン最大の町・ロングイヤービュエンへ。

旅の手配
Arranging the trip

個人手配で行くことも可能だが、短い期間で充実したアクティビティに参加したい場合は、事前に旅行会社で手配するかツアーに申し込む方がいいだろう。本書オススメは、北欧を専門に様々なツアーを主催する「フィンツアー」。本文で紹介したスピッツベルゲンへのツアーは夏場はクルーズやハイキング、冬場はオーロラを楽しめるものを中心に主催している。催行日はそれほど多くないので、興味があれば早めにお問い合わせを。

［フィンツアー］ www.nordic.co.jp / TEL:03-3456-3933

参考ツアー 「シロクマの王国スピッツベルゲン ～知られざる情景の島 6日間」

宿泊
Accommodation

ロングイヤービュエンには7軒のホテルやゲストハウス、キャンプ場が揃っている。料金も安価なものから高級なものまで様々。本社で紹介しているツアーは以下のホテルを利用している。

ツアーで宿泊するホテル

Radisson Blu Polar Hotel Spitsbergen　www.radissonblu.com

世界最北のフルサービスホテル。スーパーやお土産屋にも近く、便利な立地。レストランからはフィヨルドや雄大な山々が見渡せ、景色が素晴らしい。サウナもあるので、疲れた身体を休めるには最高。ホテル内のベアレンツ・パブは地元の人にも大人気。

旅のヒント
Hints for the trip

- 夏とはいえ、平均気温は6℃程度。冬のつもりで荷造りをしよう。
- スピッツベルゲンは極地。天候は変わりやすく、突然の豪雨や強風、猛吹雪が吹く可能性もある。天候や自然現象で予定が変更になることもあるので、覚悟の上で旅しよう。

スケジュール例
Example Itinerary

1日目▶ 成田発～コペンハーゲン乗り継ぎ～ロングイヤービュエン着、ガイドの送迎でホテルへ移動【ロングイヤービュエン泊】

2日目▶ 1日クルーズでエスマルク氷河やバレンツブルグへ【ロングイヤービュエン泊】

3日目▶ AMからニービュエンよりトレッキング【ロングイヤービュエン泊】

4日目▶ 終日フリー、もしくはオプショナルツアーへ参加【ロングイヤービュエン泊】

5日目▶ AM朝食後、ガイドの送迎で空港へ移動、ロングイヤービュエン発～コペンハーゲン乗り継ぎ～成田へ

6日目▶ 成田着

+3日あったら…
+3 more days?

全旅程10日取れる場合は、クルーズ船に乗ってスピッツベルゲン島を一周するツアーがオススメ。紹介したツアーよりも、さらに奥深く北緯80度まで巡るので、シロクマを始めとする野生動物との出会いやまったく人のいない絶景が楽しめ、より堪能することができる。

TRIP: 17 / 女に生まれた幸せを満喫する旅

17 スペイン
SPAIN

今宵は、女に生まれた幸せを満喫したい! スペインの宮殿や城に泊まって、豪華ディナー。一生の思い出になる、お姫様体験!

宮殿や古城を改装したスペイン国営のホテル「パラドール」。今ではスペイン全土、93箇所の宮殿や古城、修道院が現代に蘇り、歴史の有る数々の建物が快適なサービスを提供するホテルとなっている。それぞれに際立った個性のあるパラドールの中から、気に入ったものを選んで宿泊し、一生の思い出となるお城での「お姫様体験」はいかが?　王族や貴族といった限られた人しか眺めることのできなかった庭園や景色を部屋から優雅に眺め、至高のスペイン料理を堪能。きっと、「女に生まれて来て良かった!」と思えるであろう1週間。可能ならば、何度でも通いたい…そんなパラドール中毒に、あなたもなってしまうかも?

PRINCESS,FOREVER
～だって、女ですもの！～

忙しい毎日で、みんな、忘れてしまっているけど。
女性は、みんな、お姫様なんだぜ。
さぁ、姫。僕が、どこにでも、お連れします！
-奥原悠一(BOHEMIAN)-

情熱の国スペインへ

安宿だって悪くはないけど、一生に一度はお城のようなホテルに泊まってみたい！ と思っている女子、ロマンチックな旅で最愛の彼女の喜ぶ顔が見たい！ と思っている男子に吉報。いやいや、王子様を見つけに行くのよ！ という人にもぜひ。まぶしい太陽、情熱の国スペインで、比較的手ごろな値段でお姫様気分を味わえる旅があなたを待っている。さあ、いつもよりちょっときれい目な服を鞄に詰め込んだら出発。「女に生まれてよかった～」と心から思える旅で、女子力をアップしよう。
最初の訪問地は地中海に面したリゾート地「マラガ」。大抵の場合、日本を飛び立ってマラガに到着するのは夜になるので、初日は普通のホテルに宿泊しよう。翌日から始まる極上の時間に心をときめかせながら、ゆっくりと休もう。

赤い王城、アルハンブラ宮殿

スペインは公共交通が発展しているので、各地を巡る公共バスでいろいろな街を巡ることはできる。でもたった一度の人生、たまには運転手付きの専用車で旅してみない？ 車窓からどこまでも続く広大な平地を見ながら、グラナダへ移動。ここは、かつてのイスラム王朝ナスル朝グラナダ王国の都。「赤い王城」の意味を持つアルハンブラ宮殿へ足を踏み込むと、そこは中世のお城。輝く緑の木々、天井の模様、床のタイル、庭園、レストランからの眺めなど、その空気の中にいるだけで忙しい日常を忘れ優雅な気持ちになってくる。ドレスまではいかなくても、ワンピースをヒラヒラさせて歩けば、まるで、気分はプリンセス。一緒に行った男性は、いつもより少しだけチヤホヤ甘やかし、ワガママだって許してあげて。だって姫だもの！ 泊まる部屋には味のある調度品が置かれ、イスラムとキリストの両文化が組み合わされた独特な雰囲気が漂っている。朝は小鳥のさえずりで目を覚まし、さくさくのパンが用意されているブッフェで朝食。グラナダでは２泊して心ゆくまでゆったりしよう。そして、自分の家の「庭」の様な感覚で、アルハンブラ宮殿を散策しよう。

丘の上に建つお城から、アンダルシア大平原を

古い町並みを抜け、初夏ならひまわりでいっぱいの丘を過ぎると、カルモナの町に着く。真っ白い壁の建物に細い路地、地元の人で賑わう市場を散策。疲れたら丘の上に大きくそびえ建つ城に帰り、休憩。今にも門兵が現れそうな堅固な門を通り、複雑に曲がった薄暗い廊下を抜け、姫の部屋に到着。窓を開けるとアンダルシア大平原の緑がどこまでも続く絶景。きっと昔の姫も同じ景色を見ていたに違いない。そして、お腹がすいたら、城内にある厳かな雰囲気漂うレストランでフォーマルディナー。地元アンダルシアの素材がふんだんに使われた料理が運ばれてくる。ここはかたくならずに落ち着いて、マナーも大切だが、食事を楽しむことが第一！　薄暗い明かりに照らされた彼女、彼氏を見ていると、あれ？　なんだかいつもより素敵に見えちゃう。ここはラテンの国、キザな言葉だってスルッと口から出てきちゃうかも。

美しい町並みと海を見ながら、至福のひとときを

最終日はマラガに戻り、ゆっくりとくつろごう。マラガはスペイン南部に位置し、ピカソ美術館や闘牛場で有名だ。この町の丘に佇むパラドール「マラガ・ヒブラルファロ」は景色がとても素晴らしい。部屋のテラスに出れば、趣きあるマラガの町並みと、美しい海が見渡せる。レストランのテラス席では、海に落ちるサンセットと夕景を楽しみ、港にともる灯りを眺めながらの夕食…至福のひとときだ。町の中心から少し離れた高台にあるから、静かでゆったりとした時間が流れている。

トルコ風呂「ハマーム」を体験!

お姫様の旅のラストに、ハマームと呼ばれるトルコ風呂体験はいかがだろう。室内の温度が分けられた数部屋を巡りながら、身体の体温を上げて老廃物を取り除く。そしてお好みでオイルや塩を使ったものかアロマテラピーなどの極上マッサージを堪能して、心身共に癒されよう！
夜は地元の人で賑わうバルもオススメ。ローマの休日ならぬ、マラガの休日。おいしい地元ワインを飲んで、たくさん笑えば、明日からのパワーが完全充電だ。美しいもの、おいしいものに囲まれたスペインの旅で、女に生まれた幸せを、おもいっきり満喫しちゃいましょう。

旅の予算
Budget

総予算 33万円～ ※専用車ではなく公共バスを利用した場合：19万円～

※5泊7日／成田からの往復航空券・ホテル5泊・専用車での都市間の移動込み（一部食費、運転手へのチップ、ハマーム体験、食費除く）

総予算内訳

航空券の目安　10万円～

＊成田～パリ乗り継ぎ～マラガ（エールフランス航空／エコノミークラス往復）＝10～15万円

ホテル代金の目安　5泊8万3千円～

マラガ市内のホテル　1泊1万3千円～
グラナダのパラドール「PARADOR DE GRANADA」 1泊4万8千円～ ×2泊
カルモナのパラドール「PARADOR DE CARMONA」 1泊2万8千円～
マラガのパラドール「PARADOR DE MALAGA GIBRALFARO」 1泊2万8千円～
※すべて1部屋（2名利用）の料金、総予算には1名分を計上。

国内での移動（専用車）の目安　14万6千円～

【専用車を利用した場合】14万6千円～
※マラガ空港～ホテル間の往復は日本語アシスタント同行でのタクシー利用。
※マラガ～グラナダ～カルモナ～マラガ間は専用車での移動。
※各都市内での移動は含まれず。
【公共バスで利用した場合】 8千円～

旅のシーズン
Best Season

スペインは地方によって気候が違うが、紹介したアンダルシア地方は、年間を通して温暖で乾燥した地中海性気候。特に4～10月がベストシーズン。冬は比較的雨が多い。

行き方
How to get there

日本からマラガへはパリなどヨーロッパ主要都市を乗り継いで行くことになる。航空会社によっては、ヨーロッパ主要都市に加えてマドリッドでの乗り継ぎが必要になる場合があるので、時間に限られている旅行なら乗り継ぎ1回のルートにしたい。

旅の手配
Arranging the trip

個人手配で航空券やホテル予約も可能だが、宿泊や移動などすべて段取りを組んでおきたいなら、旅行会社に相談するのがベスト。
本書でオススメなのは、日本でのパラドールの総代理店となっている「イベロ・ジャパン」。すべてのパラドールの情報を持っており、日本では最もパラドールに詳しい旅行会社と言える。希望する行き先や興味のあるパラドールを伝えて、自分好みのパラドールの旅を作ってみよう。

ⓘ［イベロ・ジャパン］ www.ibero-japan.co.jp

宿泊
Accommodation

スペイン全土に個性溢れる93のパラドールが存在する。また、追加料金で眺めの良いスーペリアタイプのお部屋も手配可能。本書では下記3箇所のパラドールを紹介した。すべてのパラドールの概要を知りたい人は、下記「パラドール紹介」リンクを参照。

本書で紹介しているパラドール

「PARADOR DE GRANADA」
アルハンブラ宮殿内のサンフランシスコ修道院を改装

「PARADOR DE CARMONA」
14世紀に立てられた古城を再建、復元

「PARADOR DE MALAGA GIBRALFARO」
歴史的建造物ではないが重厚な雰囲気を持つ

［イベロ・ジャパン／スペイン93箇所パラドール紹介］
www.ibero-japan.co.jp/app/parador/top/

旅のヒント
Hints for the trip

- 夏季は日差しが強いので、サングラスや帽子は必需品。
- フォーマルなレストランでは、ジーンズやTシャツ、半ズボンは避けよう。
- ハマームは、トルコ風呂への入場料とマッサージは別料金。入場料は3千円程度だがマッサージは好みの内容と時間によって異なる。
- ハマームは、現地でサンダルや使い捨ての下着などを渡されるので、手ぶらでOK。
- ハマームは、予約は不要だが、混んでいる場合、マッサージは待たされることも。可能であれば事前に電話して混み具合を聞いてみよう。
（El Hamman Bano Magico：www.elhammam.com）
- 公共バスを利用して巡る場合は、旅行会社で問い合わせるか、以下より時刻表や情報を入手しよう。

［ALSA（スペインの大手バス会社）］www.alsa.es/portal/site/Alsa（英・西）

［CASAL（セビーリャ〜カルモナ間のバス会社）］www.autocarescasal.com（西のみ）

スケジュール例
Example Itinerary

1日目▶成田発〜パリ乗り継ぎ〜マラガ着【マラガ・ホテル泊】
2日目▶AMマラガからグラナダへ移動【グラナダ・パラドール泊】
3日目▶終日グラナダ散策【グラナダ・パラドール泊】
4日目▶AMグラナダからセビーリャ経由、カルモナへ移動【カルモナ・パラドール泊】
5日目▶AM カルモナからセビーリャ経由、マラガへ移動【マラガ・パラドール泊】
6日目▶マラガ発〜パリ乗り継ぎ〜成田へ
7日目▶成田着

+3日あったら…
+3 more days?

グアダレーテ川を見下ろす小高い丘に広がる白い街、アルコス・デ・ラ・フロンテーラのパラドールもオススメ。街全体が国の重要文化財地域に指定されていて、頂上のカビルド広場を中心に城塞跡やサンタマリア教会などが中世そのままの旧市街を形作っている。他にも、海峡をフェリーで渡り、スペインから一番近いアフリカ大陸、セウタなどにもパラドールがある。もしくは往復共に乗り継ぐパリで数日滞在するのも面白い。

TRIP: 18 / 楽しい未来をのんびりと描く旅

18 スペイン
SPAIN

**人生最高のお散歩! ヨーロッパ版のお遍路へ。
スペインの田舎道をひたすら歩きながら、
楽しい未来をのんびりと描いてみよう。**

お年寄りならまだしも、若い人で日常的に散歩してる人って、どのくらいいるだろう? 忙しい日常、散歩なんかせず、歩いているのは仕事に向かう駅までの道くらいじゃない? でも、散歩って、やってみると意外とすごいんです。特に目的も決めず、何も持たずにのんびりと歩いてみる。すると、普段とは違うことをいろいろ考えたり、普段は通り過ぎるだけの道ばたで小さな発見をしたり。ジブリの宮崎駿監督も語っているように、散歩は新しいアイデアに出逢うための、素晴らしいきっかけになるかもしれない…。さぁ、それならば行ってみますか、1000年前から人々に愛されている世界で最高の散歩道、スペインのサンティアゴ・デ・コンポステーラへ続く巡礼の道へ! 周囲に何もない一本道を進み、点在する小さな村々を訪れながら、ただひたすら歩き続ける1週間。1000年前にタイムスリップしたかのような超アナログな旅で、人生最高のお散歩をどうぞ。

MY RHYTHM, MY MELODY

～自分のリズムで。自分の音色で～

最高の癒しは、長い散歩。
足のリズミカルな動きが、
頭にはった蜘蛛の巣をきれいさっぱり掃除してくれる。
-アン・ウィルソン・シェイフ（米国の精神科医）-

1000年の歴史を持つ巡礼路

エルサレム、ローマに並ぶキリスト教の聖地が、スペイン西部にある。聖ヤコブ（スペイン語でサンティアゴ）の遺骸があるとされる、サンティアゴ・デ・コンポステーラという街だ。ヨーロッパ中からフランスを経由し、ピレネー山脈を越え、この街＝聖地を目指すいくつもの道が「巡礼路」となっている。この巡礼路は1000年以上の歴史を持ち、今でも年間数万人もの人がピレネー山脈を越えてゆく。中世の人々にとっては、巡礼は自らの罪を悔い改めるための苦行であり、行った者は最後の審判で天国へ導いてもらえると信じられていた。それ故に1000年間で幾人もの人々がこの道を辿り、それはやがて文化の大動脈となっていき、人種、言語、文化が国境を越えて交わり、ある種のヨーロッパ版のシルクロードの様な役割を担ってきた。

最高の散歩道

…と、ここまでがこの巡礼路の歴史。もちろん、現代でもこの道を「巡礼」する人は数多い。しかし同時に、クリスチャンでない多くの人が、この道を「散歩」しているのだ。理由は単純、素晴らしい散歩道だから！　白い雲が流れる青い空の下、緑の草原の中を貫くどこまでも続く一本の道、優しく頬を撫でる風、大地の匂い。そして道沿いに現れる、荘厳な歴史の面影を残す遺跡や教会。地球を感じる豊かな自然と、時を感じる歴史的建築物に触れながら歩いていると、まるで中世にタイムスリップしたかのようにも感じる。この道の一部やそれらの建築物群は、世界遺産にも登録されていると言うのだから、いかに素晴らしいかうかがい知れるだろう。
そんな魅力的な散歩道を、文化や歴史に想いを馳せながら、自分の未来を描きながら、のんびり気持ちよく歩いてみよう。

散歩しながら、巡礼者になろう

巡礼路には様々なルートがあるが、特に人気があるのは「フランスの道」だ。フランスの街からピレネー山脈を越えるルートだが、すべてを制覇しようとすると800㎞を超えてしまう。1日に30㎞歩くとしても1ヶ月くらいかかってしまう。7日間の旅では、現実的ではない…。しかし、ここで朗報！　100㎞以上の道のりを徒歩で行けば、サンティアゴ・デ・コンポステーラで巡礼証明書がもらえるのだ。つまり正式な「巡礼」として認められるというわけ。せっかくなので、散歩しながら、巡礼者にもなっておきたい！　ということで、ここでは日本発着7日間で120㎞ほど歩くことになるコースを紹介したい。スタート地点はスペイン・サリア。まずは、スペインの首都・マドリッドに降り立って、夜行列車でサリアへ向かおう。

手帳をゲットし、スタンプラリー！

サリアに着いたら、まずは、街中にある観光案内所や教会、アルベルゲと呼ばれる救護施設で、巡礼手帳（クレデンシャル）を手に入れよう。この手帳があれば巡礼者の証明となり、巡礼路に点在する救護施設に宿泊することができるようになるのだ。宿泊設備は田舎のユースホステルのようなイメージ。4～40名ほどが泊まれる2段ベッドが並んでいて、500～1000円ほどで宿泊できる（寄付のみで泊まれるところも！）。そして1泊すると、巡礼手帳にスタンプが押される。簡単に言うとスタンプラリー。このスタンプが100km分以上の距離に相当したら見事、巡礼として認められるわけだ。

歩く旅で、心と対話しよう

抜けるような青空の下、何もない道を、「歩く」という最も原始的な移動方法で進む。一歩一歩踏みしめながら、気持ちいい風に吹かれていると、普段生活する現代社会から切り離され、まったく違う世界にタイムスリップしてしまったような気さえする。ただ歩いているだけなのに、最高に心地いい。いつの間にか、自分の心と対話しているような、そんな不思議な気分になってくる。過去のこと、未来のこと…古の人々が築いた道を歩きながら、ゆっくりと自分を見つめることができるのだ。これが歩く旅の一番の醍醐味かもしれない。人生最高のお散歩で、あなたは何を考えるだろう。

新しい人生が始まる

４日間の散歩の末、歓喜の丘、モンテ・ド・ゴソに辿り着く。眼下にはサンティアゴの街並みと、終着点である大聖堂が目に入る。達成を目前にした喜びと、終わってしまう寂しさが混じり合う。ここから下り坂を進み、街へ入っていくと、世界遺産にも登録された荘厳な大聖堂に着く。ここは、巡礼の最後のしきたりに習おう。入口の「栄光の門」に手をかざし、工匠マテオによる彫像に頭を垂れ、中央祭壇の聖ヤコブの胸像を抱擁する。これで、人生最長、最高のお散歩は終了だ。
ちょっとした名残惜しさを胸に、スタンプが押された巡礼手帳を持って、巡礼事務所へ。「コンポステーラ」と呼ばれる巡礼証明書を受け取り、満足感に浸ろう。でも、ここはゴールではない。散歩の道中でたっぷりと対話した“自分自身”の新しい人生が始まるのだ。この旅を終えた人は言う。「サンティアゴはゴールではない、スタートなんだ」と。

旅の予算
Budget

総予算 12万円～
※5泊7日／成田からの往復航空券・救護施設（アルベルゲ）5泊・現地移動費込み（食費、一部現地交通費除く）

総予算内訳

航空券の目安　10万円～
＊成田～パリ乗り継ぎ～マドリッド（エールフランス航空／エコノミークラス往復）＝10～18万円

救護施設（アルベルゲ）、宿泊料金の目安　1泊5百円～

現地交通費の目安　2万円～
＊マドリッド～サリア　（夜行列車）＝8千円～
＊サンティアゴ・デ・コンポステーラ～マドリッド　（スパンエア航空／エコノミークラス）＝1～3万円

旅のシーズン
Best Season

1年中巡礼（お散歩）は可能。しかし、テーマは「人生最高のお散歩」。せっかくなら、暑い夏や寒い冬を避けて、快適に歩ける春や秋に旅しよう。

行き方
How to get there

日本からパリなどのヨーロッパ主要都市を乗り継いで、スペインの首都・マドリッドへ。そこから夜行列車、もしくは高速バスと路線バスを乗り継いで、スタート地点のサリアへ行く。帰りはサンティアゴ・デ・コンポステーラからマドリッドに戻り、復路に着く。

旅の手配
Arranging the trip

航空券は日本語のサイトで購入できるが、現地のバスや列車、国内航空券は英語やスペイン語のサイトでの購入となる。不安を感じる人はスペインに強い旅行会社に相談してみよう。本書でオススメなのは、スペインを中心に取り扱っている「イベロ・ジャパン」。バスの手配は行っていないが、宿泊とセットであれば列車及び国内航空券の手配を行ってくれる。例えば一部の宿泊を、184Pで紹介している古城を改装した「パラドール」に変更して、国内の鉄道指定券と航空券の手配を依頼することが可能。

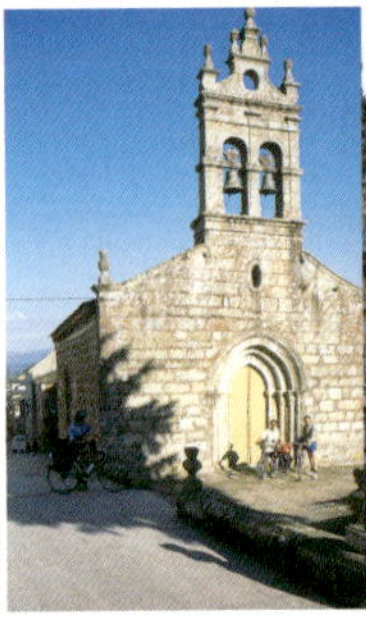

［イベロ・ジャパン］ www.ibero-japan.co.jp

宿泊
Accommodation

救護施設（アルベルゲ）での宿泊は予約できず、原則として先着順での受け入れとなる。もし満室でも村の中を巡れば大抵はどこか空いているので心配はいらない。サリアの観光案内所には、アルベルゲや教会などが記載されているマップがあるので、手に入れておこう。

旅のヒント
Hints for the trip

- 100kmを超えるお散歩。動きやすい服装で行こう。また道の悪い部分も多いので、靴には結構負担がかかる。丈夫な靴を用意しよう。念のため予備の靴があると安心。
- 原則として同じアルベルゲに2泊以上連泊はできない。施設も豪華とは言えないので、寝袋を持っていくことをオススメする。また共同シャワーなので、サンダルなどあると便利。
- サンティアゴ・デ・コンポステーラ巡礼路の旅に関する書籍がいくつか発行されている。出発前に情報を集めたい場合は、書籍を購入したり、ネットサーフィンで体験者のサイトを探したりして、読んでみるものいいだろう。
- 現地の人々は、巡礼者にとても協力的。何か困ったことがあったら、観光案内所やアルベルゲで相談してみよう。

スケジュール例
Example Itinerary

1日目▶ 成田発～パリ乗り継ぎ～マドリッド着、着後、夜行列車でサリアへ【車中泊】
2日目▶ AMサリア着、着後アルベルゲや観光案内所を回り、巡礼手帳やマップを入手、PMお散歩スタート（サリア～リゴンデ 33.9kmを歩く）【アルベルゲ泊】
3日目▶ 終日お散歩（リゴンデ～メリデ 34.8kmを歩く）【アルベルゲ泊】
4日目▶ 終日お散歩（メリデ～ルア 29.6kmを歩く）【アルベルゲ泊】
5日目▶ お散歩（ルアからサンティアゴ・デ・コンポステーラ 22.7㎞を歩く）、終着点の大聖堂へ、巡礼事務所でコンポステーラを受け取り、お散歩終了【アルベルゲ泊】
6日目▶ サンティアゴ・デ・コンポステーラ発～マドリッド＋パリ乗り継ぎ～成田へ
7日目▶ 成田着

+3日あったら…
+3 more days?

巡礼の完全版は800㎞超えるフルルート！　徒歩なら1ヶ月はかかる。日数が増やせるなら、その分、歩く距離を増やしてみては？　もしくは巡礼の終着地、サンティアゴ・デ・コンポステーラの美しい街並みを楽しんだり、乗り継ぎ地となるスペイン・マドリッドで、スペイン料理を堪能したり、バルに行き、酔っぱらうのも楽しい。

TRIP: 19 / 人間の素晴らしさと恐ろしさを知る旅

19 ポーランド
POLAND

人間という生物を、もう一歩深く理解するために。ポーランドの美しい街で、人類史上最大の悲劇、アウシュビッツ収容所を見つめる旅。

ポーランドの南部にある古都クラクフは、中世からの街並みが残る美しい街。その美しさは街全体が世界遺産に指定されるほど。しかし、そこからたった65kmしか離れていない場所に、第二次世界大戦中にナチス・ドイツ軍が建設した、労働収容所と絶滅収容所の両方の性質をかねそろえた巨大収容所がある。アウシュビッツ収容所、ビルケナウ=第二アウシュビッツ収容所では、ユダヤ人、ジプシー、政治犯罪者、同性愛者など110～150万人が送られ、不衛生な環境の中、苛酷な労働を強いられ、なんと9割以上が拷問、毒ガス、銃殺などにより殺されていったと言う。今はその時の建物のまま博物館となっていて、亡くなった方の写真やガス缶、切られた髪の毛の山などが展示されている。この想像を超える悲惨な殺戮現場を前にした時、あなたは、いったい何を思うだろう。

REAL LIFE

～ポジティブでもなく、ネガティブでもなく、リアルに～

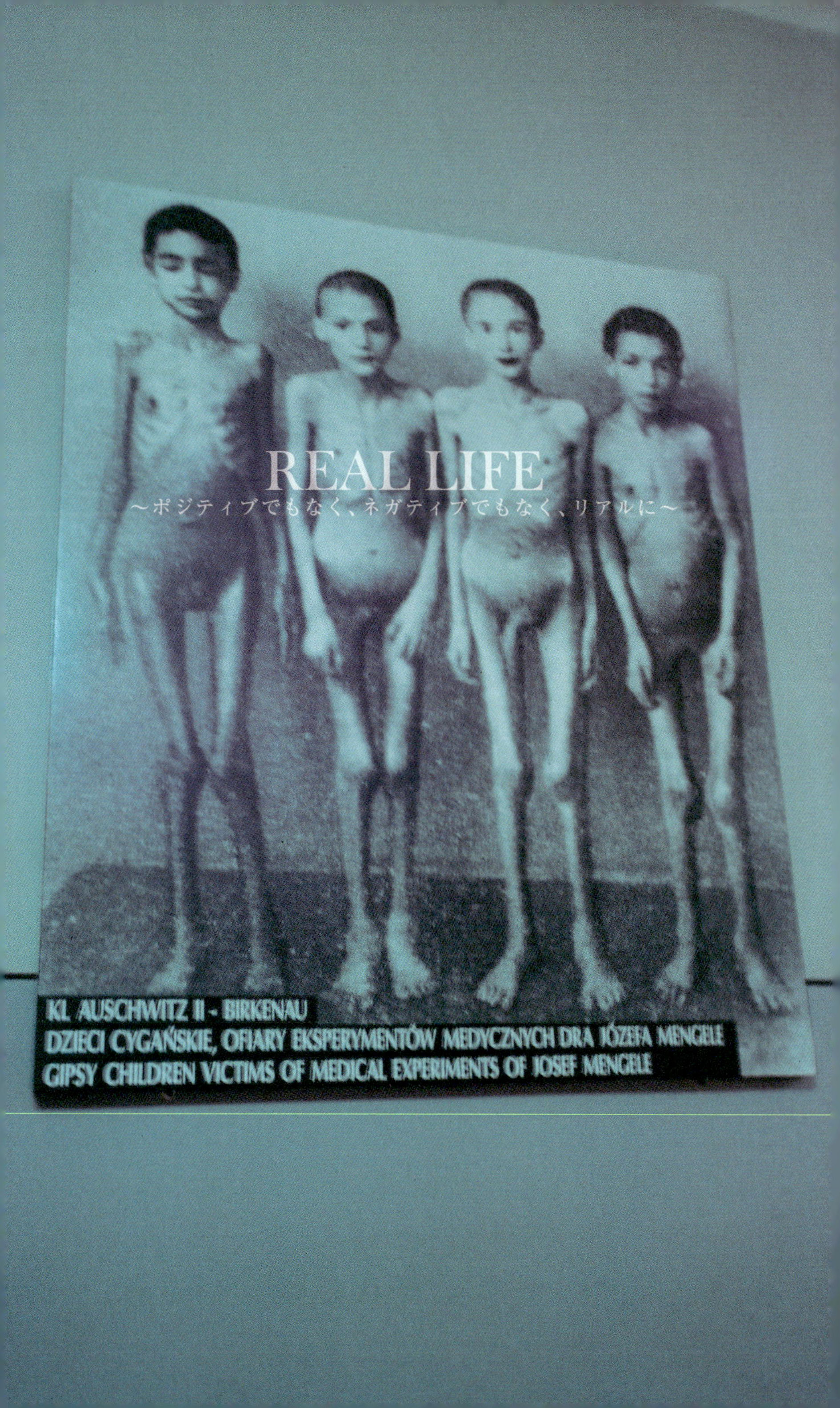
KL AUSCHWITZ II - BIRKENAU
DZIECI CYGAŃSKIE, OFIARY EKSPERYMENTÓW MEDYCZNYCH DRA JÓZEFA MENGELE
GIPSY CHILDREN VICTIMS OF MEDICAL EXPERIMENTS OF JOSEF MENGELE

I keep my ideals, because in spite of everything,
I still believe that people are really good at heart.

私は理想を捨てません。
どんなことがあっても、
私は人は本当は素晴らしい心を持っていると今も信じているからです。
–アンネ・フランク『アンネの日記』–

世界文化遺産の街クラクフ

11世紀から600年続いたポーランド王国。その都として栄えたのがクラクフだ。首都のワルシャワが政治や経済の中心だとすれば、クラクフは歴史と芸術の街。街中に3500以上もの文化遺産がちりばめられており、街並みがとても美しい。ポーランドを代表する歴史遺産であるヴァヴェル城や、レオナルド・ダ・ヴィンチの絵画が収蔵されているチャルトリスキ美術館などが有名だ。街には安食堂から高級なレストランまであり、伝統的なピエロギという水餃子やバルシチという鮮紅色のスープが味わえる。他にもポーランド人が日常的に食べるハムやソーセージ、フレッシュチーズ、ヨーグルトなども美味しい。街の人々はとても陽気なので、夜はバーやクラブに繰り出すのも面白い。
またこの街は、スティーブン・スピルバーグ監督の名作映画『シンドラーのリスト』の舞台となっていて、ポドグジェ地区にはシンドラーの工場が今でもそのまま残り、映画にも登場した入口の階段や執務室を見ることできる。

アウシュビッツ収容所

クラクフの街からアウシュビッツ収容所跡のあるオシフェエンチムへは、電車やバスで1時間半。駅からはバスも出ていて、歩いても20分程度で到着する。かつての人類史上最大の悲劇の舞台は、現在は博物館になっている。
まず目に入るのは、「ARBEIT MACHT FREI」とドイツ語のフレーズが頭上のアーチに書かれた門だ。「働けば自由になる」という意味だが、よく見るとアルファベットのBが逆についていることに気付くだろう。これは囚人がせめてもの反抗にと逆につけたと言われている。
中にはレンガ作りの収容所が立ち並ぶ。28もの囚人棟があり、それぞれに展示がされている。収容所に連れて行かれる人々の写真や、模型、ガス室で使用されたガス缶の山、布を作るために刈られた髪の毛の山、囚人服に着替えさせられた後に撮影された写真、銃跡が痛々しく残る死の壁、地下の監房、ガス室、焼却場…と背筋が凍るようなものばかりだ。ここには日本人ガイドもいて、案内を頼むこともできる。ぜひ、しっかり背景を理解しながら、噛みしめてほしい。

ビルケナウ収容所

アウシュビッツ収容所だけでは収容しきれなくなったため、第二収容所・ビルケナウが新たに建設された。こちらも現在は博物館となっている。
敷地に入るとまず、監視塔であった「死の門」が見える。外側から延びる線路は、門をくぐり、収容所の奥へと続いていく。線路の終点にはガス室や焼却炉があり、かつて囚人たちは、この門をくぐり、殺されていった。現在は、ヨーロッパ中の犠牲者たちを弔った国際記念碑が静かに佇んでいる。
この収容所の敷地は、驚くほど広大だ。有刺鉄線がぐるりと周りを囲み、当時は脱走を防ぐため電流が流れていたそうだ。博物館の中には、囚人たちが押し込まれた木造バラック、人間が焼かれた灰が捨てられた池や、ガス室を待つ人々が待たされた林などの写真が多数展示されている。それらの写真に写るバラック、池、林などは、今でも実際に残っているので見比べて欲しい。

2つの収容所を巡って

これらの収容所を巡り、帰る頃には、第二次世界大戦のナチス政権の酷さや戦争の悲惨さを実感することになるはずだ。ナチス・ドイツの建設した絶滅収容所や強制収容所は、ポーランドに限らず北欧からフランスまでたくさんあった。これらの恐ろしい施設が稼動していたのはたった60年前の話だ。しかもこの戦争には日本も参加しているのだ。この地に立ち、あなたの胸に溢れた想いを、また日本に帰ってからも、多くの人と共有してみて欲しい。

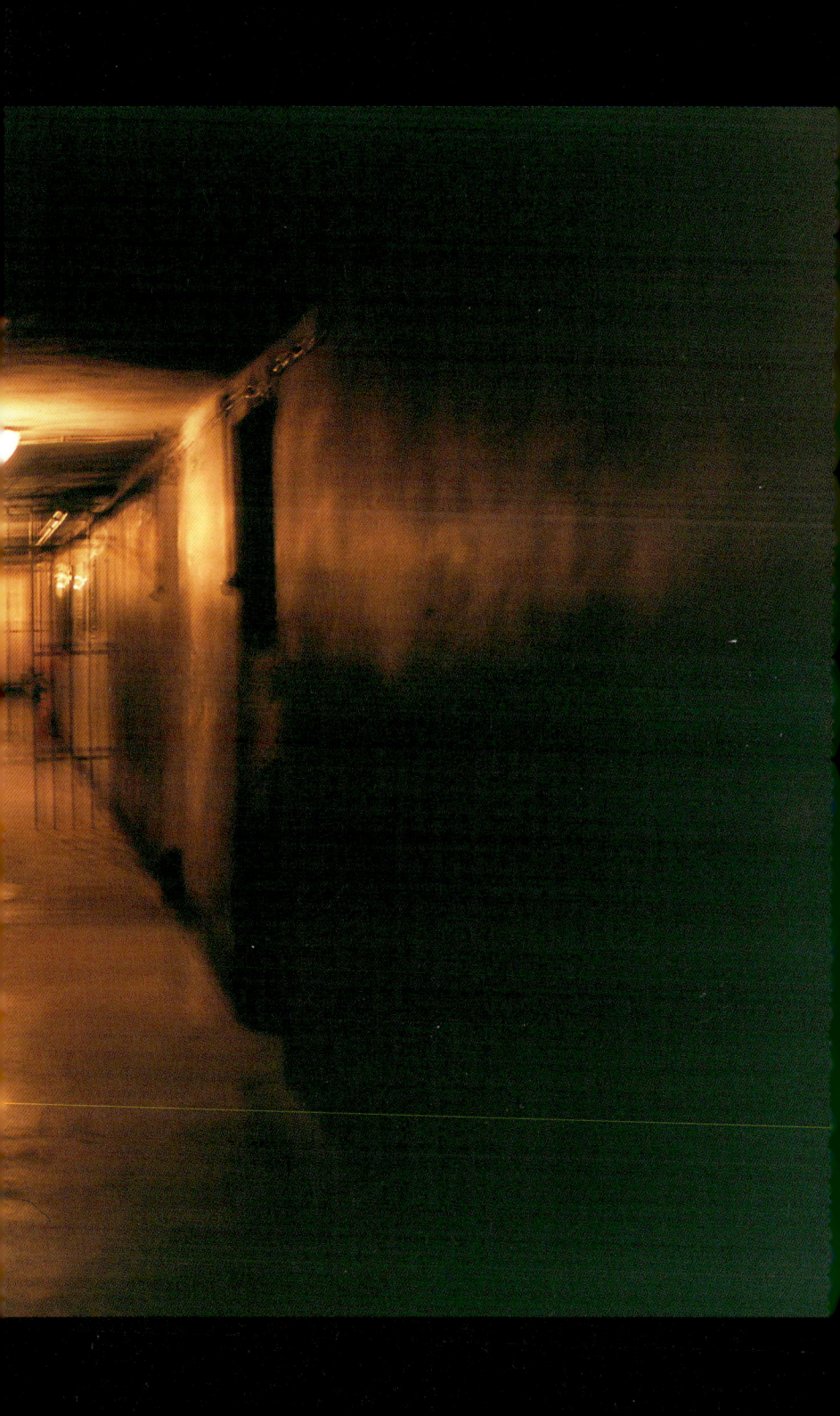

旅の予算
Budget

総予算 15万円～

※5泊7日／成田からの往復航空券・ホテル5泊込み（食費、ガイド、国内交通費除く）

総予算内訳

航空券の目安　13万円～

＊成田～ウィーン乗り継ぎ～クラクフ（オーストリア航空／エコノミークラス往復）＝13～18万円

ホテル代金の目安　1泊4千円～

＊ホステルに宿泊した場合の1名料金。

旅のシーズン
Best Season

11～3月の冬の間も観光は可能だが、寒さが厳しく雪も降る。ベストシーズンは初夏だが、秋の紅葉も美しいので捨てがたい。博物館は毎朝8時に開館するが、季節に応じて閉館時間が変わってくる。行く時期が決まったらサイトなどで確認しよう。

行き方
How to get there

日本からはヨーロッパの主要都市を乗り継いでクラクフへ。オーストリアのウィーンで乗り継ぐのが時間的にもベスト。クラクフからアウシュビッツまでは、クラクフ本駅からバスか電車に乗って行く。いずれも所要時間は1時間～1時間半程度。

旅の手配
Arranging the trip

個人手配で航空券やホテル、バスチケットの予約が可能。博物館内には日本語ガイドもいるが、事前に予約（英語サイト）をしておくのが確実。自分で手配するのが不安な人は日本人旅行社に手配を依頼しよう。本書でオススメなのは、クラクフに本社を持ち、日本語を話すスタッフもいる「ERNESTO TRAVEL」。宿泊や各種の移動、アウシュビッツ博物館のガイドツアーの手配などを行ってくれる。問い合わせはメールがベター。

［ERNESTO TRAVEL］ www.ernesto-travel.pl/jp

［アウシュビッツ博物館公式サイト］ www.auschwitz.org.pl（英語、ポーランド語のみ）

宿泊
Accommodation

クラクフには、ドミトリータイプのゲストハウスから高級ホテルまで様々なタイプの宿泊施設がある。予算と好みにあわせてアレンジしよう。個人手配なら航空券と併せてホテルも手配する方が割安に。もしくは現地の旅行代理店を通して手配しよう。

オススメのホテル

ライネック7ホステル　www.hostelrynek7.pl

15世紀に建てられた建物を改装したホステル。街の中心広場「Cloth Hall」（織物会館）の目の前なので、ポーランドの歴史的な街並みに触れるには最高のロケーション。ドミトリー形式の部屋もあり、そちらはさらに割安になる。

旅のヒント
Hints for the trip

- 冬の時期、電車やバスは早めに最終が出てしまう。時刻表を確かめてから向かおう。
- 博物館内の日本語ガイドは限りがあるので予約を入れよう。予約は電話、ファックス、現地でも受け付けているが一番確実な方法は、現地の旅行会社を通すか、サイトで直接予約を入れること。
- ガイドブックによっては「所要時間はアウシュビッツとビルケナウを合わせて最低２時間」と書いてあるものもあるが、じっくり見てまわるとしたら、アウシュビッツだけでも２時間くらいは欲しいところ。時間には余裕を持って行こう。

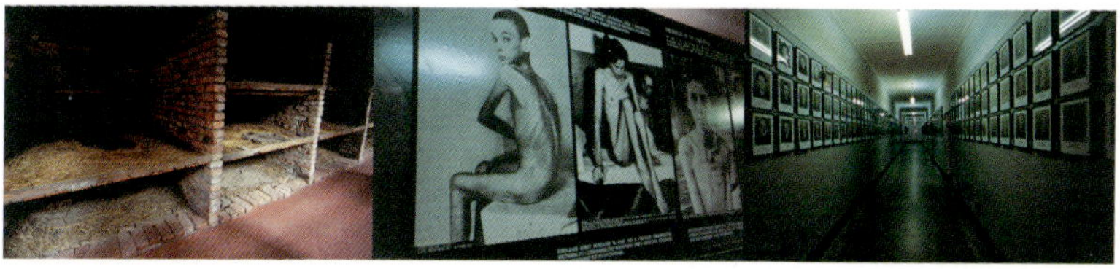

スケジュール例
Example Itinerary

１日目▶成田発〜ウィーン乗り継ぎ〜クラクフ着、手配したホテルへ移動【クラクフ泊】
２日目▶終日フリー、クラクフ散策【クラクフ泊】
３日目▶AMアウシュビッツ収容所へ【クラクフ泊】
４日目▶AMビルケナウ収容所へ【クラクフ泊】
５日目▶終日フリー、クラクフ散策【クラクフ泊】
６日目▶クラクフ発〜ウィーン乗り継ぎ〜成田へ
７日目▶成田着

+3日あったら…
+3 more days?

ポーランドの首都・ワルシャワなど、国内には他にも多くの魅力的な街がある。同じ東欧内のブダペストやプラハまで足を延ばしてみるのも楽しい。また、成田〜クラクフ間はヨーロッパの主要都市を乗り継ぐことになるので、そこで降りて滞在するのもあり。音楽の都・ウィーンでクラシック音楽を楽しむのも素敵だ。

20

TRIP: 20 / 俗世から離れてみる旅

京都

JAPAN/ KYOTO

**京都のお寺に泊まりこみ、本格的な座禅体験!
騒がしい日常を離れ、プチ出家の旅に出て、たまには、ひとり静かに、自分に向き合ってみよう。**

もし、本当に人生を変えたいと願うなら、まずは自分と向き合ってみるのが一番早いかもしれない。日本でできる強烈に自分と向き合う方法、それは「座禅」だ。古代インドの形式を汲んだ仏教の修行のひとつで、無念無想の境地を目指すもの。ブッタもきっと座禅をしていて悟ったはず。最も座禅の似合う場所、京都で1週間のプチ出家。さぁ、禅の世界に飛び、自分への旅に出かけてみよう!

TRUE SILENCE

～あなたは、この静寂に耐えられるか？～

本当は知っているだろう？
すべての答えは、自分の中にある。

京都へ行こう

建都1200年の歴史を抱く京都。日本人にとって、残しておかなくてはいけないものが、たくさんある場所。金閣寺や銀閣寺といった世界遺産を始め、能楽、狂言、歌舞伎など日本古来の心がぎゅっと詰まっている。そんな京都の空気に包まれながら、本格的な座禅に挑戦して、自分の心を空っぽにしてみないか？
京都で、数時間から1泊の禅体験はたくさんある。でも自分とじっくり向き合うのなら、1週間くらいはどっぷり修行したいところ。今回紹介する「宝泉寺」は、京都の亀岡市を一望する山の中腹にあり、豊かな自然に包まれた静かな禅寺。3泊4日の基本修行を中心に、長期の修行も用意されている。3ヶ月以上を希望するなら、それでもOK！
今回は7日間の修行スケジュールで行ってみよう。

お寺に入門

初日は午後3時頃に現地に着く。お寺の門の前に立ったら、まず一呼吸。足を踏み入れれば、僧が修行のためにお寺に入ることを意味する、いわゆる「入山」だ。作務衣（さむえ）などの動きやすい格好に着替えたら修行僧気分も高まり、気が引き締まる。最初は修行の説明や食事作法など話を聞けるので安心。夕方になると、禅寺での夕食である薬石をいただく。薬石は基本的に野菜中心の簡単なもので、肉や魚は出ないので心しておくこと。座禅の説明や聖典などを回して読む輪読の後は、さっそく座禅だ。座蒲というクッションをお尻の下に置き、左ももの上に右足を乗せ、右ももの上に左足を乗せる結跏趺坐（けっかふざ）という座り方をしてみよう。時間は、25分×3回。さて、話さず動かない25分は、長いだろうか短いだろうか。静かな場所で、じっと座っていると、だんだん心が落ち着いてくるのがわかる。あれこれ考えちゃうって？　出てきた思いについてあれこれ考えず、そのまま流すことも大切。ゆっくりと自分の心を見つめてみよう。夜は10時消灯。まわりの人に迷惑をかけないように、明日からの修行に備えて早めに身体を休めよう。

京都
泉禪

寶泉禪寺

修行の日々が始まる

翌朝は５時台に起床！　朝の清々しい空気に包まれながら、簡単な太極拳などを行って身体を起こしたら、座禅に取り掛かろう。背筋を伸ばし、静かに息を吸い、精神統一。雑念を取り払い「無」を実践することがいかに困難なことかわかるだろう。25分×２回行ったら朝の座禅は終了。７時からは般若心経などを読教し、その後、本堂やお寺周りの掃除をしたら朝ごはん。お寺の朝ごはんはお粥とちょっとしたおかずだけ。禅ではおしゃべりをしない、食器の音をたてないなどの作法があるのだが、作法にのっとって食べるということは、食べ物への感謝や食器への優しさなどが含まれているというわけだ。９時から11時半までは作務（さむ）という畑仕事や写経をする時間。途中に30分お茶休憩が入るのが嬉しい。昼食は朝・夕とは違い、おかずが数品出てきて、あまり作法を気にせず、自由なスタイルで食べられる。その後、16時20分までは自由時間。夕方からは初日と同じプログラムとなる。滞在中はこれらをくり返し毎日行うことになる。

自由時間の過ごし方

毎日、決まって４時間半ある自由時間をどう過ごすか？　やっぱり京都に来ているんだから観光にも行きたい…と思うかもしれないが、今回はプチ出家の旅。せっかくなので、俗世から離れることに徹底してみたい。京都郊外の緑に囲まれたお寺の中で、心を静めて読書をしたり、ゆっくりと庭を散歩したり、お寺にある禅関係の書籍やビデオ鑑賞をしたり、同じ修行者たちと交流したり…。自由時間も座禅を組んじゃう？　もちろんそれもあり。いつもとはまるで違う環境に身を置けることが、この旅の最大の魅力だ。１週間では仏教的な悟りを得ることはできないだろうが、ひとり静かに、自分を見つめてみるには、きっと、ちょうどいい時間だと思う。

さらに、本気で出家しちゃいたくなった！ と言う人には、専門道場への準備と指導もしてくれる。その場合は、ぜひ、お寺にご相談を…

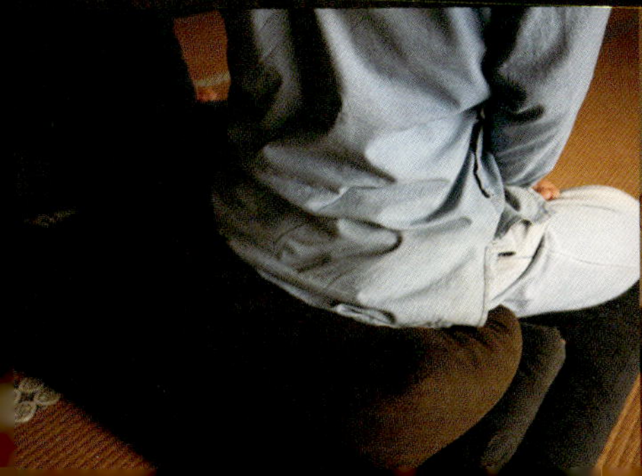

洗心

旅の予算
Budget

総予算 4万円～

※6泊7日／東京駅からの交通費・宿泊6泊・食費込み

総予算内訳

交通費の目安　2万6千円～

＊東京駅～京都駅乗り継ぎ～馬堀駅（往復）＝2万6千円～

修行の御布施の目安　1万8千円～

＊6泊7日で修行をした場合（1泊3千円×6泊＝1万8千円）。

旅のシーズン
Best Season

基本的に1年中入山が可能。休息日の水曜日以外は常時受け入れている。土日1泊修行や3泊4日の短期修行もある。初心者で修行に取り組むなら暑過ぎず、寒過ぎず、比較的涼しい時期がオススメ。

行き方
How to get there

JR京都駅から嵯峨野線でJR馬堀駅まで約25分、そこから20分歩くと閑静な山の中腹に宝泉寺がある。馬堀駅からの行き方は、旅の手配で紹介しているサイト内の「地図」を参照。

旅の手配
Arranging the trip

申し込みは、直接「宝泉寺」へ。電話番号もサイト上に掲載されているが、特別な事情がない限り、メールで申し込む形となる。「1.修行体験希望日　2.氏名　3.年齢　4.性別　5.住所　6.電話　7.動機」を明記の上メールをすると、宝泉寺から返信がある。

［宝泉寺禅センター］www.zazen.or.jp / MAIL：hosenji@zazen.or.jp

宿泊
Accommodation

宝泉寺内にある宿舎に宿泊。他の修行者と相部屋（男女別）となる。宿泊料金は「御布施」という形になっていて、3泊4日の短期修行（2泊でも同様）は1万円、4泊以上の中期修行は3千円×泊数、1ヶ月以上の長期修行は1ヶ月8万円、土日1泊修行体験（写経を含む）は5千円となる。経済的な事情のある方、もしくは3ヶ月以上の修行希望者は、御布施が不要の准スタッフ制度があるので、事前に相談しよう。また、修行経験者（基本修行をすまされた方＝リピーター）は1泊より受付している（3千円×泊数）。

旅のヒント
Hints for the trip

- 持ち物は、ジャージや作務衣など汚れてもいい服と、洗面用具とサンダルがあればOK。
- 派手な服装やアクセサリはしないようにしよう。女性の場合は化粧も落とすようにしよう。
- あくまで修行。お客様ではなく修行させてもらっているという気持ちを忘れずに。
- 座禅や正座で足がしびれたら無理せず、感覚が戻るまでゆっくり待とう。
- 冬のお寺は寒いので、下着から上着、ネックウォーマー、靴下など防寒対策をしていこう。ただ座禅や食事は音をたててはいけないので、ウィンドブレーカーなど音のするものは避けること。
- 携帯電話は基本的に通話禁止。電源を切るか、サイレントモードにしておこう。

スケジュール例
Example Itinerary

1日目▸東京駅発～京都駅乗り継ぎ～馬堀駅着、徒歩でお寺へ、受付、説明、夕飯、座禅、読経など【宿泊施設泊】
2日目▸終日修行（5:20起床、座禅や掃除など行い、11:30から昼食、16:30から夕食、座禅など）【宿泊施設泊】
3日目▸終日修行【宿泊施設泊】
4日目▸休息日【宿泊施設泊】
5日目▸終日修行【宿泊施設泊】
6日目▸終日修行【宿泊施設泊】
7日目▸12:00まで修行、その後下山、徒歩で馬堀駅へ、馬堀駅発～京都乗り継ぎ～東京駅着

※上記スケジュール例は、東京出発の場合。
※水曜日は休息日となる。上記スケジュールは初日を日曜日と考えて、4日目が水曜日＝休息日となっている。

+3日あったら…
+3 more days?

1週間では足りないという修行者の声も多い。さらに3日修行を続けてもいい。

21

TRIP: 21 / 心と身体をリセットする旅

伊豆高原

JAPAN/IZU

体重6キロ減れば、確かに人生変わるかも?
日本一の断食道場で、6泊7日の断食体験!
心も身体も、芯からスッキリさせる旅!

伊豆高原駅よりタクシーで5分。数ヶ月先まで予約が埋まっているという超人気の宿「やすらぎの里」。ここに泊まる客の大半は6泊7日と通常の温泉旅行にしては長い期間滞在する。その目的は…断食!　体質改善やダイエット、食生活やメタボの改善をしたいならとても効果的な手法で、なんと7日間の滞在で6キロ以上も減量した人も!　遠くへ旅せず、近場だけど身体を芯からキレイにする旅。さあ、断食旅行へGO!

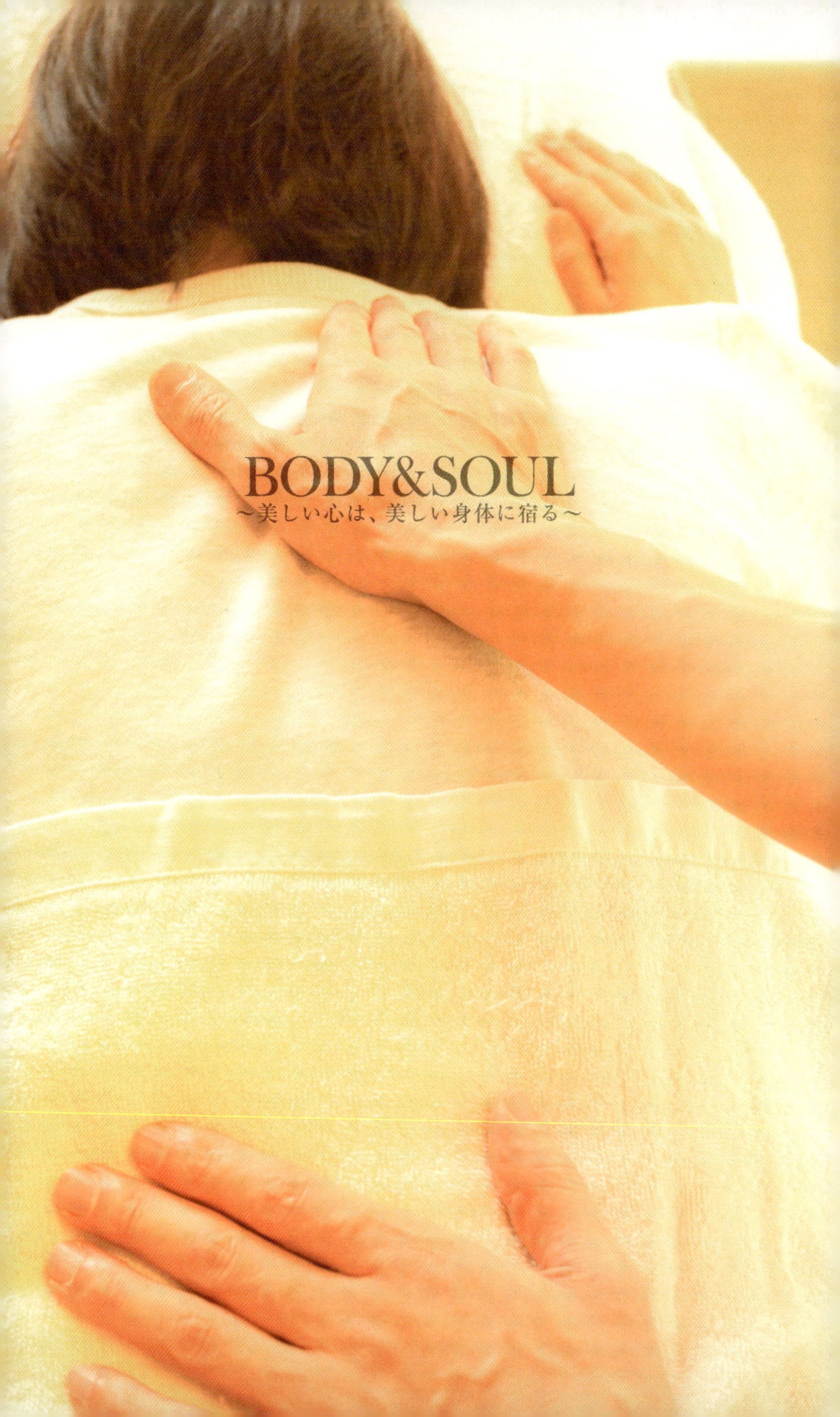
BODY&SOUL
〜美しい心は、美しい身体に宿る〜

おまえ、
都会の暮らしで、ずいぶん汚れちゃったな。
身も心も、故郷にいた頃の無垢なおまえに戻って、
もう一度、
俺とやり直さないか？
トシさん（故郷のかっこいい先輩）

疲れ切った身体をリセット!

生まれてからずーっと使っている自分の身体。その身体を維持するためにエネルギーを吸収する胃袋。これまでずっと働き続けたんだから、一度くらい休ませてあげたっていいのかも。断食は、大切な胃袋を休ませて、身体の中に溜まっている老廃物や余分な脂肪を燃焼する働きがあるって知っていた？　忙しい毎日の中で、何も気にせず食べちゃう生活で、気付いたらメタボって、疲れやストレスも全部溜めこんじゃっている可哀想な身体…。それをすべて、「3日間断食＆3日間回復食」の断食コースでリセットしよう。今までがんばってきた身体へのご褒美だ！

断食ツアーなんて干からびて死んでしまうよ！　と心配しているあなた。そこまで心配することはない。お茶や水は十分飲むことができるし、補助的なジュースやお吸い物も摂取できる。それに、日常から離れた管理された専門施設で断食をおこなえば、自宅のように食の誘惑がないから、空腹感はあまり感じないのだ。死んじゃうどころか、断食をすると、野生の力が目覚め、免疫力が上がったり、脳の疲労が取れたり…いいこと尽くしだ。さあ、身体に貯まった毒素をすべて洗い流して、疲れ切った身体をリセットしよう！

身体を知って、浄化しよう

身体は人それぞれ。ということで、まずは自分の身体を知ることから。1日目は、昼過ぎにチェックインし（もちろん朝食は抜き！）、問診や面談、自律神経検査が行われる。身体の調子、普段の食生活、ストレスの状況などを元に方針や食事内容などが決まるのだ。その後、日常のせわしない時間から解き放つために、散歩をしたり温泉に入ったりして自由に過ごす。夜はお吸い物のみ！　おっと、もうここでギュルギュル～とお腹が鳴っちゃうかも。ここは我慢、我慢。こうしている間にも、休んだ腸が元気に復活し、普段使っていた消化エネルギーが、毒素の排出に向けられている。汚い話、2、3日するとウンコがいつもより老廃物を多く含み、ものすごい色で出てくる！　きっと身体が浄化されるのを感じるはずだ。それからは、お肌もきれいになって、美しさにも磨きがかかること間違いなし。

やすらぎの里

３日間断食＆３日間回復食

２日目からは、朝は酵母ジュース、昼はお茶、夜は油分を使わない野菜スープを飲む。３日目も大体同じメニューで、ジュースが青汁になったり、お茶の種類が変わったりする程度。そして３日間の断食の後に、回復食が始まる。はじめは玄米の一分粥とお麩入りお味噌汁と少量だが、３日間食事らしい食事をしていないので、すごく新鮮。身体に沁み渡っていくのが感じ取れるはずだ。それからだんだん食事の量は増え、玄米と季節の野菜、土地で採れた魚を使った普通食になっていく。お味噌や梅干も、じっくり時間をかけて手作りしたもの。味覚も来る前より変わった感じがして、本当の“美味しい”を知ることになるだろう。

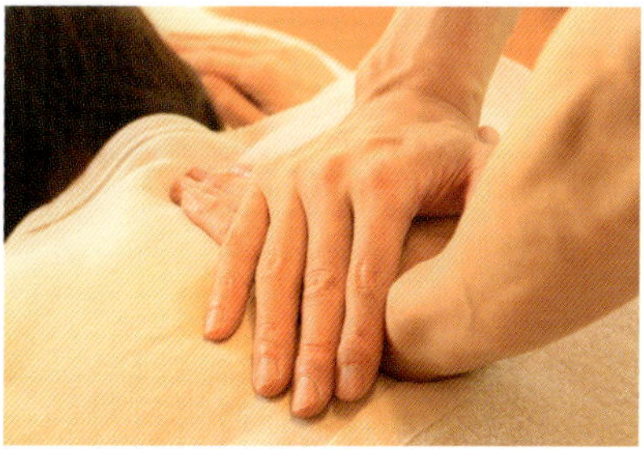

様々な治療プログラムも!

断食合宿は、ただ食べないだけのプログラムではない。毎日１時間、身体の不調を整える治療プログラムも用意されている。背中などに真空状態になったカップつけて吸引し、血液をきれいにして血行を促進する吸玉（カッピング）や、身体の不調を和らげるために低周波を流す干渉波（EMS）治療の他、アロママッサージ、整体、ホットパック、鍼灸、骨盤筋エクササイズなど、様々なプログラムから、体質に合わせたものを受けることができる。また夕方には、ヨガや呼吸法を使ったリラクゼーションプログラムも用意されている。

その他の空いた時間は、海や山など自然の中をのんびりして散歩してみたり、近くの観光地にドライブしてみたり、読みたかった本や漫画を読んだり、温泉につかったり…ストレスなく、楽しみながら過ごそう。だんだん心が軽くなってくるはずだ。そして体重も！ここでは体重計に乗るのも楽しみとなる。さあ、心も身体も、芯からスッキリさせて、新しい自分に生まれ変わろう！

旅の予算
Budget

総予算 9万円～

※6泊7日／東京駅からの交通費、相部屋6泊、食費込み（現地交通費除く）

総予算内訳

交通費の目安 1万1千円～

＊東京駅～伊豆高原駅（特急踊子号／普通、指定席、往復）＝1万1千円～

断食コース料金の目安 7万5千円～

＊1週間（6泊）コース、2、3人部屋に宿泊した場合＝1名75,600円（滞在費72,000円＋消費税3,600円）

旅のシーズン
Best Season

基本的に1年中OK。温泉や付近の散歩を満喫するなら、暖かい季節がオススメ。繁忙期となる年末年始、ゴールデンウィーク、お盆などは、料金が1泊につき2,100円（消費税込み）アップする。

行き方
How to get there

伊豆急行の「伊豆高原」駅からタクシーで5分ほど。首都圏からはJRが伊豆急行に直結している「特急踊子号」が便利。もしくは新幹線で熱海駅まで向かい、そこから伊豆急行で向かうパターンもあり。

旅の手配
Arranging the trip

基本的には直接宿に連絡を取って予約を入れて、現地に向かうのみ。全国には数多くの断食宿があるのでサイトで検索していけば容易に見つかる。本書オススメは、温泉のある断食施設「やすらぎの里」。断食道場を始めて13年、断食に関する本も執筆している、日本の断食のエキスパートが代表を務める。伊豆にありアクセスもしやすく、温泉とマッサージがセットで気持ちよく断食できる。人気があるので、数ヶ月先まで予約が埋まっているということも。行こうと決めたら、まずは電話をして空き状況と自分のスケジュールを照らし合わせて日程を組もう。

［やすらぎの里］www.y-sato.com / TEL：0557-55-2660（受付時間9:00～21:00）

旅のヒント
Hints for the trip

- とにかく予約は早めに入れることが必須。思い立ったらまずはお電話を。
- 通常チェックインする日から断食は始まるので、当日は朝からお茶やお水だけで何も食べないで向かおう。また前日の夕食もできるだけ軽めで済ませておこう。
- 宿にあるもの、持って行く持ち物は施設ごとに異なるので必ず確認しよう。
- 1週間の滞在が無理な場合も、断食日数と回復日数を合わせるフリープランを組むことも可能。
- 自由時間用に読みたい本を用意したり、周辺の観光スポットを調べたりしておくと、より楽しい断食ができる。

スケジュール例
Example Itinerary

1日目▸東京駅発～伊豆高原駅着、タクシーで「やすらぎの里」へ、個別面談など（断食）【やすらぎの里泊】
2日目▸AM体操、PM散歩・ヨガなど（断食）【やすらぎの里泊】
3日目▸AM体操、PM散歩・整体など（断食）【やすらぎの里泊】
4日目▸AM体操、PM散歩・楽健法など（回復食）【やすらぎの里泊】
5日目▸AM体操、PM散歩・骨盤筋エクササイズなど（回復食）【やすらぎの里泊】
6日目▸AM体操、PM散歩・退所面談・自律神経検査など（回復食）【やすらぎの里泊】
7日目▸AM体操、駅まで送迎、伊豆高原駅発～東京駅着

※上記スケジュール例は、東京出発の場合。

+3日あったら…
+3 more days?

伊豆半島は熱海や湯河原といった有名どころから南伊豆の下田、西伊豆の土肥など魅力的な温泉街が数多くある。断食でリフレッシュしたら、お好みの温泉旅館に泊まって、新鮮な魚介類を堪能して、露天風呂を満喫するのも良い。

TRIP: 22 / 生命力をアップ!する旅

22 沖縄
JAPAN/OKINAWA

自給自足の生活を、実際に体験してみたい人へ。手作りエコビレッジで、沖縄の自然を満喫! 人気の自給自足体験キャンプに参加!

沖縄本島北部にあるネイチャービレッジ『BEACH ROCK VILLAGE』。自給自足をコンセプトに運営されるこのビレッジでは、農業や漁業・畜産業を通じて“食”のプロセスを肌で感じられる「自給自足体験キャンプ」というツアーイベントが開催されている。このキャンプでは、自給自足の暮らしを、これでもかと言うほどリアルに体験できる!　汗を流して畑を耕し、投げ網で魚を捕り、馬や牛の世話をする。野菜を収穫し、鶏は自分たちでさばいて食べる…。さらには、亜熱帯の森から海へ爆走するクレイジーなスタイルのホーストレッキングにもチャレンジ!　実際に汗を流し、自らの手で食料を得ながら、眠っていた生命力を蘇らせよう。

RESPECT NATURE
〜自然を愛するということは、自分を愛するということ〜

自然を愛する人へ。
沖縄を愛する人へ。
そして、人生を変える、
新しい出逢いを求めている人へ。

手作りの自給自足ビレッジ

沖縄・那覇空港から車で北上すること約１時間半。カーナビ検索でも辿りつけない秘境の森の奥に、そのビレッジはある。その名もBEACH ROCK VILLAGE（ビーチロックビレッジ）。ここは自由人・高橋歩が中心となり、多くの仲間たちと共に、大自然の中に創り上げられた「おいしい！　楽しい！　気持ちいい！」を堪能できるネイチャービレッジだ。「気の合う仲間たちが集まって、自給自足しながら、宿や店をやったり、創作活動をしたり。沖縄の大自然の中で、音楽とアートに囲まれて暮らせる…そんなビレッジを作ろう！」という想いから、沖縄中をめぐって土地を探し、電気・水をひくところから、建物・家具にいたるまですべて手作りで行い、８年かけて完成させたものだ。

冒険と音楽とアートが溢れる空間

このビレッジを作り、運営しているのは、20代、30代の若者たち。運営メンバーが暮らすビレッジというだけではなく、手作りコテージやオリジナルテントなど宿泊施設や、自家栽培の野菜や果物を中心に、地元の新鮮な素材をふんだんに使うレストラン、沖縄県内47全酒造所の泡盛が揃うバーもある。また、圧巻なのは、ツリーハウスクリエイター・小林崇氏がプロデュースした、地上約20mのツリーハウス！　このツリーハウスは、「史上最強」の呼び声も高く、各種メディアでも紹介されている有名なもの。さらに、環境に優しく、アート性の高いストローベイル（圧縮したわら）で作られたアート工房も魅力的。また、このビレッジのメンバーが中心になり、毎年夏の終わりに開催されている沖縄の珊瑚を守るためのチャリティー音楽フェス『Blue Lagoon Festa』も多くの人の共感を集めている。

自給自足の暮らしをリアルに体験!

話題に事欠かないこのビレッジだが、やはり、一番の目玉と言えば、これまで600人以上が参加している『自給自足体験キャンプ』だ。「生命力アップ！」をテーマに、全国から集まった参加者が自給自足の暮らしにどっぷり浸かりながら、生きるということをリアルに体験する６日間のスペシャルキャンプ！　このキャンプでは、「農業」「漁業」「畜産業」など、１日ごとにテーマを持って自給自足の暮らしを体験するのだ。また、ビレッジ内に作られた建物・設備の案内を受けながら、エネルギーの循環などを学ぶこともできる。さらに、手打ち沖縄そば体験や、琉球素材を使った染物、ビーチバーベキュー、キャンプファイヤー、オリジナル石窯でのピザ焼き、時にはイカダを作って海を渡り…と、自由に沖縄の魅力も楽しみ尽くすことができる体験が満載のキャンプとなっている。

ROPERTY OF
ATHLETIC

農業

手にマメ作って、クワをフルスイング！　土地を耕すところから、種まきや肥料やり…そして、収穫したその場で食べる。まさに、青空サラダバー。産地直送を超える「産地直食」のうまさ！

漁業

腹が減った？　ならば海で魚を捕ればいい！　そんなノリで、沖縄の海に繰り出して、投げ網！　魚は買うものでも与えられるものでもなく、自分で捕るもの。そして自分でさばくもの。捕れるかどうかは腕しだい！

畜産業

牧場で飼っている馬・牛・ヤギ・鶏のお世話。小屋のうんこ掃除から、餌となる草を刈る作業、えさやり、ハイジツアーと呼ばれるヤギの散歩、そして、動物のフンを堆肥にする体験も。そして、育てるだけでなく、肉を食べたいなら、鶏をしめるリアルな体験も！　これぱっかりは体験しないとわからない。

新しい出逢いの溢れるキャンプ

このキャンプのもうひとつの醍醐味。それは、人との繋がりだ。参加者の年齢や性別、国籍はバラバラ。学生から主婦、フリーター、旅人、キャバ嬢、社長…、ひとりでの参加、カップルでの参加、友達同士での参加…、本当に様々な人が沖縄の秘境に集まっている。たった６日間のキャンプだが、一緒に特別な体験をしながら汗を流し、夜は火を囲んで語り合うことで、特別な絆が生まれるのだ。
キャンプ最後の夜は、ビーチロックビレッジの秘密基地＝ビーチエリアに移動して、極彩色の夕焼けに包まれながら、オリオンビール片手にビーチバーベキュー！　他にはない最強のロケーションのビーチパーティーが旅のクライマックスを盛り上げてくれる。キャンプを終えた時、様々な体験を通して蘇った生命力と共に、かけがえのない仲間を手に入れることができるだろう。

旅の締めは、クレイジーホーストレッキング!

自給自足体験キャンプが終わった次の日は、ぜひもう１泊して、ワイルドでスリリングなホーストレッキングにチャレンジしてほしい。これはビーチロックビレッジの隣にある「夢有民（むうみん）牧場」が主催する、他ではありえない乗馬体験だ。
午前中はレクチャーという名のイメージトレーニングをしっかり行い、昼食をとって一休みしたら、いよいよ亜熱帯の森の中を、馬に乗って突き進む。目指すは南の島の七色の海！　馬に乗って騎馬民族気分で、大自然を楽しみ、沖縄ならではの、のどかな集落を抜け、なんと一般道にGO！　法律的には「軽車両」扱いの馬。馬上での信号待ち、これは絵になる！　そしてゴールは光り輝く沖縄の海だ。
丸一日のツアーなので、初めて馬に乗る人でも、最後にはギャロップ（全速力）で走ることができるはず。今まで体験したことのないアグレッシブなスピード感と、人馬一体になる心地よさ！　癒しのホースセラピーなんてもんじゃない。人生を変えるホースイリュージョンで、未体験ゾーンへ突入だ。

旅の予算
Budget

総予算 8.5万円～

※6泊7日／羽田からの往復航空券・現地交通費・5泊6日自給自足体験キャンプ参加費・延泊1泊・食費・乗馬体験込み

総予算内訳

航空券の目安　2万円～
＊羽田～那覇（スカイマーク航空／エコノミークラス往復）＝2～5万円

現地交通費の目安　4千5百円～
＊那覇空港からのバスに乗って現地に向かった場合（バス代金、往復4500円程度）。

自給自足体験キャンプ参加費用　4万3500円

ビーチロックビレッジ延泊代金の目安　1泊2食付き 690円～
＊ビーチロックビレッジ内のテント村でテントに宿泊をした場合。

ホーストレッキング（乗馬体験）　1万6000円
＊体験キャンプに参加した場合の特別割引料金。

旅のシーズン
Best Season

やはり沖縄と言えば「夏」のイメージだが、トップシーズンの８月は航空券が高かったり、台風の心配があったりする。夏であればあるほど海も楽しめるが、日差しも強い。比較的過ごしやすいのは、３～５月、もしくは10月、11月あたり。天候にもよるが、沖縄では、３～11月初旬の幅広い期間、海で泳ぐことができる。

行き方
How to get there

自給自足体験キャンプの集合・解散場所は、沖縄本島北部の名護バスターミナル。那覇空港や市内から「名護バスターミナル」へ向かう。高速バス（バス番号111）が便利。所要時間は約１時間45分。名護バスターミナルに集合したら、そこからはビーチロックビレッジの無料送迎で、20分程度。

自給自足体験キャンプ以外で、ビーチロックビレッジに遊びに行く場合

【バスの場合】
名護バスターミナルからはバス番号66に乗り換えて、「今帰仁村役場前（なきじんそんやくばまえ）」で下車。名護バスターミナルからの所要時間は約30分。今帰仁村役場前からビレッジまでは無料送迎あり。送迎を希望する場合は、直接ビーチロックビレッジに電話しよう。

【レンタカーの場合】
高速道路、那覇ICから許田ICまで行き、名護市へ（約１時間30分、1000円）。名護市についたら、そのまま58号線を北上。「白銀橋」という交差点で左折。5～10分ほど道なりに進み、「座間味商店」という店がある交差点で、72号線へと右折。そのまま直進し、呉我山トンネルを越え、次の乙羽トンネルの手前10mを右折。下り坂を降りてすぐに左折。トンネルの下をくぐり、山道を進むと、5～20分で到着！
カーナビではたどり着けないほどの秘境なので、サイトのアクセスマップを参考にしよう。

［アクセスマップ］www.shimapro.com/access

旅の手配
Arranging the trip

自給自足体験キャンプは、3～11月までに定期的に募集・開催されている。情報はサイト上に掲載される。キャンプやホーストレッキングの予約申し込み・問い合わせは、直接ビーチロックビレッジまで。定員があるので、事前に予約した上で現地に行こう。

［ビーチロックビレッジ］www.shimapro.com / TEL:0980-56-1126

宿泊
Accommodation

自給自足体験キャンプ中は、ビーチロックビレッジ内のテント村でテント泊（2人1組の相部屋）となる。テント・寝袋・懐中電灯・蚊取り線香は、ビレッジで用意されている。ビレッジ内にはテント泊以外に、遊牧民スタイルの巨大テント「ティパ」やインディアンスタイルの「ティピ」（いずれも個室）や定員8名の相部屋ロッジなどもある。延泊する際は、ぜひ!

旅のヒント
Hints for the trip

- 自給自足体験キャンプは定員20名となる。1人参加が多いが、友人・カップルどうしての参加も可能。
- テーマは自給自足。「自分の安全は自分の力で確保する」という気持ちで参加しよう。
- 場所は秘境のジャングルなので、もちろん虫も多い。虫よけスプレーや虫さされ薬などは用意しよう。
- キャンプ中は、都会的なエアコンや水洗トイレからは離れる日々になる。ワイルドさを覚悟しよう。
- 沖縄の紫外線は、他の都道府県の5倍以上なので、日焼け対策も必須。
- ビーチロックビレッジは、ボランティアスタッフとして、農業や建築、ビレッジ内の宿・飲食店の運営などの手伝いをしてくれる人を常に募集している。現金での給料は出ないが、3食・島酒・寝る場所（主にテント）は提供される。興味のある方は、ぜひ。

スケジュール例
Example Itinerary

1日目 ▸ 羽田発～那覇着、バス・送迎車を乗り継ぎビーチロックビレッジへ、着後パーティー【テント泊】
2日目 ▸ 自給自足体験、夜は泡盛片手に乾杯!【テント泊】
3日目 ▸ 自給自足体験、夜は泡盛片手に乾杯!【テント泊】
4日目 ▸ 自給自足体験、夜は泡盛片手に乾杯!【テント泊】
5日目 ▸ 自給自足最終日、海の家を貸し切ってのバーベキューパーティー【テント泊】
6日目 ▸ キャンプ最終日【ビレッジ内の希望の宿泊施設泊】
7日目 ▸ AMからホーストレッキング、終了後、送迎車・バスを乗り継ぎ空港へ、那覇発～羽田着

+3日あったら…
+3 more days?

もっとゆっくり滞在できる人は、ビレッジ主催のリバートレッキング体験に挑戦したり、ビーチエリアでゆっくりシーカヤックに乗って海に溶けたり、バーに揃っている沖縄全47酒造の泡盛の制覇にチャレンジしてみたり…やることは満載。またジンベイザメで有名な沖縄美ら海水族館（www.kaiyouhaku.com）も近いので、足を運んでみては?

23

TRIP: 23 / 男をギンギンに磨く旅

日本列島
JAPAN

草食系男子? やっぱり、男は肉食でしょ!
最強の焼肉&最強の女を制覇しながら、
日本列島を駆け巡る、究極の男磨きの旅!

草食系男子? なにそれ? だっせぇ。原始時代から、世のルールは弱肉強食。いつの時代も、草食動物は、肉食動物の餌になる運命だ。男はやっぱり、強くなきゃ! まぁ、そういうわけで、ここはひとつ、日本をグルッと回って、男の魂を取り戻してみる旅に出てみない? 世界の美食家の憧れ、日本3大和牛におもいっきり食らいついて精力をつけ、世界に誇る美女の楽園、日本3大ソープランド(えっ?)を制覇! 世界最高クラスの快楽を味わいながら、男をギンギンに磨いてみないか? 男性陣限定! 精力と性欲に溢れた、男エネルギー復活の旅へ。さあ、ここは一発、究極のバカになって、パワー全開で行ってみよう!

BE THE HERO！
～英雄、色を好む～

元気が一番。
元気があれば何でもできる！
アントニオ猪木『猪木イズム』（サンクチュアリ出版）

まずは３大和牛に食らいつき、精力をつけよう!

日本３大和牛。実はこれには厳密な定義はない。一般的には、兵庫県産の「神戸牛」、滋賀県産の「近江牛」、三重県産の「松阪牛」が３大和牛と言われている。いずれも黒毛和種で、但馬牛系の牛を素牛として肥育していて伝統は共通している。せっかくならその３大和牛の一番おいしいクラスを食べたい！　ということで、最高等級であるA5等級が食べられる店を目指そう。

まずは定番の肉汁溢れるロース、カルビにかぶりつき、続いて、テッチャンや丸チョーといったホルモン類を食いまくり、精力アップ！　締めにはニンニクたっぷりのガーリックライスをがっつき、スパークだ！　胃もたれなんか気にしない。肉食獣気分で、ガッツリいっとこう！

3大和牛を食らいつく、本書オススメ最強のお店紹介!

【神戸牛】

「神戸牛ステーキ　神戸ぐりる工房」　www.kobe-grillkobo.net

A5等級の神戸牛を神戸で最もリーズナブルに出している。カウンター13席のみのこぢんまりとしたレストラン。基本は２名様取分けだが、１人でも対応可能。コースには極上のステーキが２種類堪能できるものもある。

【近江牛】

「本場近江牛　かど萬」　www3.ocn.ne.jp/~kadoman/

極上の近江牛を用いたステーキ、すき焼き、しゃぶしゃぶが比較的良心的な価格設定で楽しめる。長い歴史から学んだ伝統の飼育法で、自社飼育した近江牛だけを用いているので、やみつきになり、取り寄せる人も多い。

【松坂牛】

「松阪牛肉亭長太屋」　www.chodaya.com

松坂牛の飼育から販売まで一貫して行っている長太屋。焼き肉、ステーキはもちろん、すき焼き、しゃぶしゃぶもある。豊富な松阪牛が揃っているのは、専門店ならでは！　鮮度抜群なので、刺身やたたきも試したいところ。

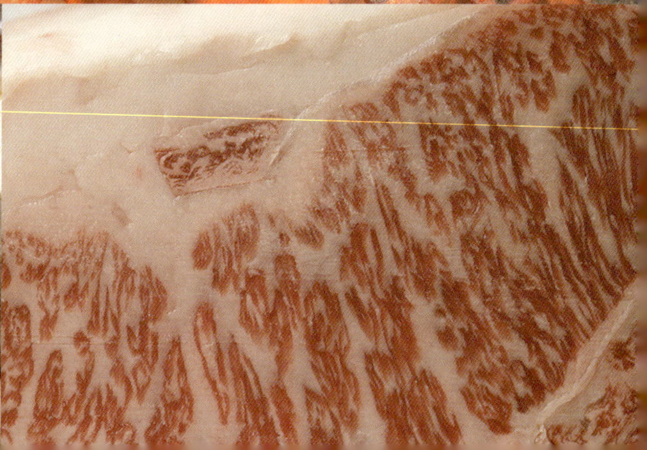

世界に誇る美女の楽園へ

和牛を食らって精力がスパークしたら…お次は、世界最高クラスの快楽を味わいながら、男をギンギンに磨く旅へ。そう、世界に誇る美女の楽園、日本３大ソープランド制覇だ！　日本には様々な風俗があるが、その中でもソープランドは風俗界の王様だ。ソープとは簡単に言うと、「浴室付きの個室で、90分～120分ほどの時間で、男性の性欲を満たしてくれる濃密なサービス！」だ。その個室の中には、中身の濃～いサービスが待っている。サービスの内容が知りたい？　それはご自身でお調べ下さい！
料金はお店によってバラバラだが、格安店で２万円くらいから、そして高級店にもなると６万円以上となる。世界最高クラスの快楽を味わうためには、１ヶ月夜勤のバイトをしてでも、高級店を目指すべきだ。初めてだから、まずは格安店で？　いやいや、初めてだからこそ最高級を！　この選択が、今後の人生を変える…!?
さあ、行こう。英雄を生み出す性欲の発散地、日本３大ソープランド街へ！

【東京・吉原】

言わずと知れた、日本最大のソープランド街。元々は江戸時代の遊郭が起源となるこの街は、実に400年近くも男性の性欲を満たしている。140軒ほどの店が軒を連ね、全国でも選りすぐりの高級店がひしめき合う。

「ピカソ」　www.picasso-club.jp

全国的に有名なソープランドの高級店。完全予約制で、常に最高級店とは何たるかを追求している。ただしこの店はあくまで一般の女性基準でコンパニオンを起用しているので、マニアックな要望とかには応えず、あくまで容姿、スタイルを基準に最高の体験を提供している。

【岐阜・金津苑】

吉原と並ぶ伝統的なソープランド街。約65店ほどの店が軒を連ねている。どちらかというと中級店が多い。ただその分、高級店は、より高級感を演出しており、設備が充実しているところが多い。

「ROVE TIFFANY」　http://r-group.jp/rovetiffany/

４店舗を経営するR-Group社のひとつ。「良心的な高級店」を目指しており、良質なコンパニオンを抱えつつも、超高級店よりも割安となっている。予約状況はすべてオンラインで確認できるので便利。

【滋賀・雄琴】

1970年代に始まった比較的歴史の浅いソープランド街。１店ずつが非常に大きな店が多いことが特徴。初めて訪れると、「これがソープランドか？」と疑ってしまうほど、大きく、ゴージャスな店が並ぶ。

「AMOUAGE（アムアージュ）」　www.s-amouage.jp

雄琴の大きなソープランドの中でも一際目立つ、白亜の豪邸のようなお店。白を基調としたゴージャスなお店に、美女が勢揃いしている。出勤スケジュールやコンパニオンの詳細情報はサイトで確認できるので、理想の女性を見つけて、予約を入れよう！

旅で本当の「男」になる

エネルギーの源になる３大和牛を食し、美女の楽園である３大ソープランドを巡り終わったら、東京都内の豪華シティホテルにチェックインしよう。達成感と疲労感、そして若干の胃もたれ（?）が残っているかもしれない。でも、ここはゆっくり、酷使した身体へのご褒美でマッサージ（普通のね）を受けて、大きめなバスタブの湯船に浸かりながら、この１週間の体験を頭で思い出してみよう。きっと自然と微笑んでいるだろう。そんな自分を鏡で改めて見て「ガルル〜！」と叫ぶ。さぁ、これで儀式は修了。もう何も恐くない。翌日、ホテルをチェックアウトする頃には立派な狩人となり、これからの人生を、熱く燃えたぎる肉食系男子として生きていくのだ。うりゃー！ 未来は僕らの手の中じゃー！

旅の予算
Budget

総予算 34万円〜

※6泊7日／東京駅からの交通費・ホテル6泊・肉料理3回・ソープランド3回込み（一部食費、交通費除く）

総予算内訳

交通費の目安　3万9千円〜

＊東京〜新神戸、名古屋〜東京（新幹線・指定席）を利用した場合の目安＝2万5千円〜

＊神戸〜大津（一部特急）、大津〜鵜方（一部特急）、鵜方〜岐阜を利用した場合の目安＝1万3千円〜

ホテル代金の目安　1泊7千円〜

＊3つ星ホテルに宿泊した場合。

※総予算には3つ星ホテル5泊（1泊7千円〜）＋東京5つ星ホテル1泊（1泊3万円〜）を計上。

焼き肉店の代金の目安　5万円〜

＊夕食、コースで3回（3店舗）食事した場合。

ソープランド代金の目安　19万円〜

＊3店舗、各店の標準コース100分〜120分を選んだ場合。

旅のシーズン
Best Season

無論、1年中いつでもOK！　ベストシーズンはあなたの気分次第。ギンギンに盛り上がっている時に、勢いに任せて旅に出るもよし、逆に気分が盛り下がっているからこそ旅に出て、いろいろとアップさせるもよし。焼肉店はいきなり行っても席が空いていれば食事できるが、ソープランドは完全予約制のところが多い。どちらも事前に予約を入れておいた方が確実。

行き方
How to get there

東京からであれば、新幹線で一度神戸まで行って、そこから東京に戻って来る形で各所を巡るのが効率的（スケジュール例を参照）。しかしすべて国内なのだから、あまり難しく考えず、観光も含めて行きたい場所を決めて、順序立ててスケジュールを組めば問題ない。あとは交通機関を調べて、宿を予約すれば準備完了！

旅の手配
Arranging the trip

すべては事前の情報集めから。グルメ雑誌や風俗雑誌を参考にするのもいいが、まずはインターネットで調べてみよう。有名店であればオフィシャルサイトもあるし、口コミ情報や体験記なども結構見つかる。お肉の場合は、「ぐるなび」「グルメぴあ」「ホットペッパー」などグルメ情報サイトが多数ある。いくつかネットサーフィンしながら、口コミ情報やランキングを見て決めよう。ソープランドの場合は、「ソープランド　吉原」などで検索すれば、多くのポータルサイトが出てくる。予算や特徴で店を探すことができ、割引情報やエリアマップ、交通案内などもあるので、非常に便利。行きたい場所が決まったら、それを元にルートとスケジュールを決めよう。

宿泊
Accommodation

外でハッスルするわけだから、宿は寝るだけ!　お肉とソープランドにお金をかけて、宿はなるべく節約するのがいいだろう。ビジネスホテルやカプセルホテルで充分だ。移動が多い旅でもあるので、アクセスしやすい宿を選ぶようにしよう。でも、旅の最終日だけは、豪華なシティホテルに泊まり、贅沢に、疲れた身体を癒すマッサージなどを受けて、気持ちよ〜くファイナルを迎えるのもあり!

旅のヒント
Hints for the trip

☺とにかく事前研究が大切。日本最強のお肉やソープランドについて調べまくろう。ワクワクドキドキ調べるところから、この旅は始まっている。情報を制する者が、この旅を制すると言っても過言ではない。

☺焼肉の後にソープランドに行く場合、ブレスケアを心がけよう。女性に対するエチケットも、この旅で身につけたいところ?

☺ソープランドの支払いは現金がオススメ。クレジットカードで支払い、利用明細が家に届いた際に恋人や妻に見られると、ちょっと面倒になることも(?)ありそうなので。

☺ソープランドでは大抵、初めての入店の際に会員証を受け取る。大切な思い出として保存したり、見せびらかしたりしたい気持ちはわかるが、きっと、理解してくれない人も(いっぱい)いるので注意…。

スケジュール例
Example Itinerary

1日目▶PM東京駅発〜新神戸着、タクシーで「神戸ぐりる工房」へ、食後ホテルへ移動【神戸泊】
2日目▶終日フリー(関西観光など)【神戸泊】
3日目▶AMフリー、PM神戸駅発〜大津駅着、徒歩で「かど萬」へ、食後タクシーで「アムアージュ」へ、ハッスル後ホテルへ移動【大津泊】
4日目▶AMフリー、PM大津駅発〜鵜方駅着、徒歩で「長太屋」へ、食後、鵜方駅発〜岐阜駅着、タクシーで「ROVE TIFFANY」へ、ハッスル後ホテルへ【岐阜泊】
5日目▶終日フリー(名古屋観光など)【名古屋泊】
6日目▶AMフリー、PM名古屋駅発〜東京駅乗り継ぎ〜鶯谷駅着、送迎車で「ピカソ」へ、ハッスル後ホテルへ【東京の豪華ホテル泊】
7日目▶帰宅

※上記スケジュール例は、東京出発の場合。

+3日あったら…
+3 more days?

「まだまだ物足りない!　もっと充実させたい!」なら、ぜひ「5大和牛&ソープランド」にチャレンジしよう。お肉なら宮崎牛や陸奥牛、ソープランドなら札幌・すすきの、博多・中州などが有名どころ。ただ、どっぷりハマってしまえば、それだけお金もかかってしまうので注意!

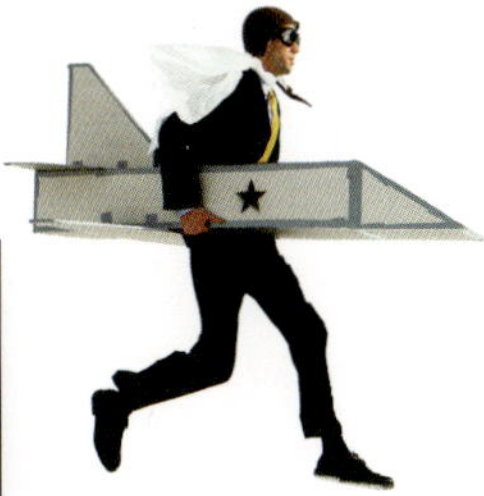

7日間+α《プラスアルファ》の旅

7 DAYS PLUS α

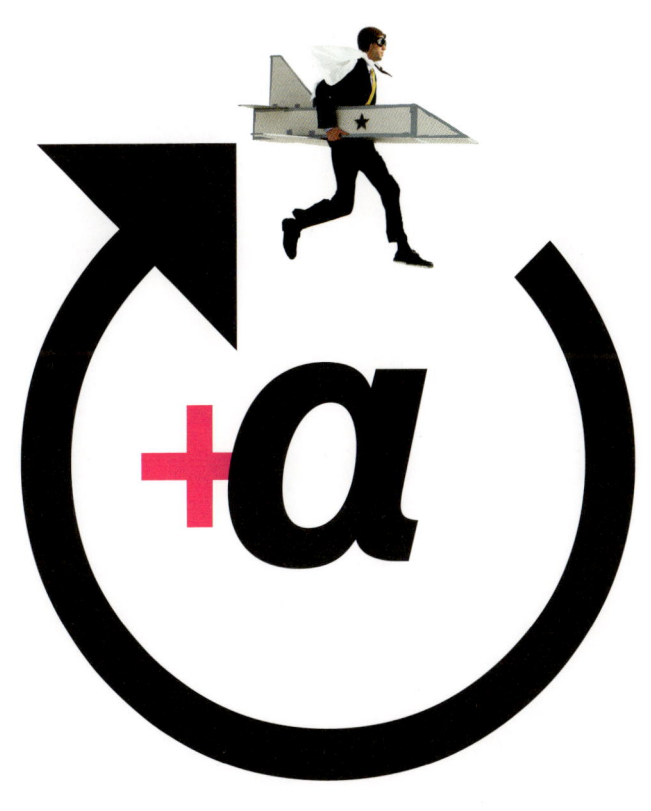

TRIP: 24 / ナウシカになる旅

24 中国&パキスタン

CHINA&PAKISTAN

ナウシカのように、強く優しくなりたい人へ。世界一高所にある舗装道路を走り抜け、風の谷のモデルになった桃源郷でピクニック!

中国とパキスタンの間を走る世界一高所にある舗装道路「カラコルムハイウェイ」。この山岳道路を1泊2日かけて、最高点4943mのクンジュラブ峠を越えて、パキスタンへ! 向かう先は、バックパッカーの間で桃源郷と称されているフンザ。「世界で一番好きな場所は?」という質問に「フンザ」と答える旅人は多い。白い氷河をたたえた山々に囲まれ、春にはアプリコットの花が咲き乱れるこの地は、まさに桃源郷。スタジオジブリの「風の谷のナウシカ」の、風の谷のモデルになったとも噂されている。確かに人々の服装や積まれた石垣などそっくりだ。これからの人生を、あのナウシカのように、強くやさしく生きていくために、厳しい道のりを越えて、いざ風の谷へ!

WIND LIKE A RAINBOW
～虹のような風が吹く村へ～

いい風が吹くところには、いい人間が集まる。
これは、世界共通の法則だった。
無名の旅人

世界一の高所を走る舗装された国際道路

中国とパキスタンの間に横たわるヒマラヤの裾、カラコルム山脈。K2など7～8000m級の山々がそびえ立つこの山脈に、一本の国際道路「カラコルムハイウェイ」が走っている。この道は、中国の新疆ウイグル自治区最西部とパキスタン北部を結んでいる。国際バスの発着地であるウイグル自治区カシュガルは、古代シルクロードの主要都市として栄えた街だ。イスラム教を信仰しているウイグル人が多く、中国とは言っても顔や民族衣装の違いに驚くだろう。旧市街はエキゾチックな雰囲気が流れていて、1日5回モスク（礼拝堂）から流れるアザーンが聞こえてくる。市場には、様々な民芸品やウイグル料理屋などがたくさんあり、活気に溢れていて、五感をフル稼働させられる。ここから国際バスに乗ってパキスタンを目指そう。

バスが走り出し、街を抜けると、そこには大陸的な大自然が広がっている。遊牧民のゲルを横目に、空を映す鏡の様なカラクル湖を過ぎて、国境近くのタシュクルガンへ。1日目はここで宿泊だ。翌日は最高海抜4733mのクンジュラブ峠を越えよう。

国境を越え、パキスタンへ

小さな石碑がたたずむ国境を越えると、あっさりパキスタン入りだ。中国では右側通行だが、パキスタンに入ると左側通行に変わる。運がよければ山沿いにはマーモットという子犬サイズの動物が何匹もこちらをうかがっている姿が見えるだろう。真っ青な空を背景に、のこぎり状のギザギザした山々を真上に仰ぐ。この道中の車窓からは、こんな世界があるのかと思うほどの景観を楽しむこともでき、長いバスの旅も飽きることはない。ちなみに冬は雪が積もり、交通が難しいため5月～10月末までしか通行できない。国立公園と税関を過ぎたら、バスを降りよう。さあ、風の谷はもうすぐだ！

風の谷フンザ

税関の村から、ミニバスもしくは乗客用に改造した軽トラックの荷台に乗って、フンザに向かおう。道の途中には紀元前5000年の動物や狩猟している人などが描かれた壁画やペトログリフ（岩絵）が存在している。ガードレールのない崖っぷちの道をヒヤヒヤしながら走り、山裾に貼り付いているような小さな村々を通り過ぎたら、美しい景色が広がってくる。とうとうフンザの中心部、カリマバードに到着だ。段々畑が広がり、遠く下の方には川が流れ、目前には雪を被った山々が並んでいる。まるでナウシカの「風の谷」のようだ。春であれば村中のアプリコットのピンクの花が咲き乱れ、夏は緑が村を多い、秋は赤や黄色に紅葉する。空気は澄み渡り、景色がくっきりと輪郭をあらわしている。朝には山々が赤く染まり、夜になると満点の星が輝く。きっと訪れた旅人はその美しさに荷物の重さも忘れ立ち尽くしてしまうだろう。

ナウシカ気分でピクニック in 風の谷!

さあ、ピクニックへ出かけよう。フンザは比較的戒律は緩いがイスラム教徒が多い。肌の露出は好ましくないと考えられているので、特に女性は、なるべく長めの上着などを着るようにしよう。青いワンピースを着たら気分はナウシカだ！　ピクニックコースは、高台のお城や氷河の見える山道など無限にあるので、自分の体力と相談して自由に歩こう。ホテル近くの商店でおやつを買っていってもいいし、小さな食堂に入ることもできる。フンザにはこれと言って観光地はないが、歩いているだけで飽きない素晴らしい景観と人々の優しさに魅力がある。フンザは長寿の土地と言われていて、大ババ様のような老婆に出逢うこともしばしば。採れたてのアプリコットやリンゴを手渡されたり、ご飯を食べて行けと手招きされたりすることも。このような優しい雰囲気が村に流れているのも、ここが桃源郷と呼ばれる由縁だ。自然に沿って地から強く優しく生きている人々が暮らす風の谷。この雰囲気を味わうために、ただ滞在しているだけという旅行者も多い。風を愛し、風に愛された女性、ナウシカ気分に浸りながら、風の谷で過ごす素敵な休日はいかが？

旅の予算
Budget

総予算 15万円~

※6泊9日／成田からの往復航空券・ゲストハウス6泊・往復国際バス込み（食費除く）

総予算内訳

航空券の目安　14万円~

＊成田～北京＋ウルムチ乗り継ぎ～カシュガル（中国南方航空／エコノミークラス往復）＝14～18万円

国内での移動の目安（レンタカー）　4千円~

＊カシュガル～ススト間のバス　3700円（270元）～

＊ススト～フンザ・カリマバード間のバス　170円（150ルピー）～

現地ゲストハウスの目安　1泊1百円~

＊上記はゲストハウスのドミトリー（相部屋）に泊まった場合の1人料金。

旅のシーズン
Best Season

一般的なカラコルムハイウェイの通過できるシーズンは、5～10月末の6ヶ月間とされている。高地のため朝と夜は夏でも気温が下がる。できるならアプリコットの花が咲き乱れる4月か、実がなる7月に行くのがオススメだ。

行き方
How to get there

日本から北京などの中国主要都市とウイグル自治区ウルムチを乗り継いで、国際バスの発着しているカシュガルへ。カシュガルからフンザまでの国際バスは、バス停から毎日運行されているが、急な運休もある。

旅の手配
Arranging the trip

個人手配で航空券を購入して、宿泊やバスチケットなどは現地で購入するバックパッカー型の旅行が一般的。不安を感じる人は日本の旅行会社が主催しているツアーに参加しよう。本書でオススメなのは、30年以上に渡ってパキスタンや中央アジアへの旅を提案してきた「西遊旅行」。イスラマバードとフンザに現地連絡事務所を設けていて、手厚いサービスを行っている。西遊旅行のツアーはイスラマバード出発となり、本書で紹介したものとは違うルートになるが、専用車を使ってフンザを目指し、カラコルムハイウェイを制覇する魅力的なもの。

［西遊旅行］www.saiyu.co.jp

参考ツアー「花の桃源郷フンザ8日間の旅」

写真提供「西遊旅行」www.saiyu.co.jp

宿泊
Accommodation

カシュガルやフンザには、ドミトリータイプのゲストハウスから高級ホテルまで様々なタイプの宿泊施設がある。ゲストハウスは予約などでしなくても、現地で直接空き状況を確認して泊まるスタイルが一般的。カリマバードでバックパッカーに有名なのは「ハイダー・イン」「コショウーサンゲストハウス」「オールド・フンザ・イン」の隣接している3つ。値段はドミトリーで100円台からある。近くには中級ホテルもあるので好みのタイプに合わせてセレクトしよう。

オススメのホテル

Khousho Sun Guest House　http://hunza.web.fc2.com/

カラコルムハイウェイから街への入口に位置するカリマバードで有名なゲストハウスのひとつ。日本人が多く利用している。この地域のゲストハウスでは珍しく、日本語サイトまである。2、3、6人部屋のドミトリーがあり、また眺めの良いテラスと庭がある。

旅のヒント
Hints for the trip

- 夏とはいえ、朝晩は冷え込む。上に羽織る長袖などがあると重宝する。
- イスラム教徒が多く、肌の露出は好ましくないと考えられているので、上記の防寒も含め、長袖などを用意しておこう。特に女性は頭に巻くショールなど用意していた方が無難。
- 舗装されていない道もあるので、持ち運びやすい鞄でいこう。
- 国際バスは、悪天候等の自然現象によって、予告なく日程が変更される場合もあり得ることを理解しておこう。

スケジュール例
Example Itinerary

1日目▶成田発北京+ウルムチ乗り継ぎ～カシュガルへ
2日目▶AMカシュガル着【ゲストハウス泊】
3日目▶AMカシュガルから国際バスに乗って、タシュクルガンに移動【ゲストハウス泊】
4日目▶AM国際バスに乗って国境を越え、パキスタンの税関があるススト へ。ミニバスなどでフンザのカリマバードへ移動【ゲストハウス泊】
5日目▶終日フンザ散策【ゲストハウス泊】
6日目▶AMスストに戻り、国際バスで中国のタシュクルガンへ【ゲストハウス泊】
7日目▶バスに乗ってカシュガルへ【ゲストハウス泊】
8日目▶カシュガル発～ウルムチ+北京乗り継ぎ～成田へ
9日目▶成田着

+3日あったら…
+3 more days?

フンザは旅行者が長期滞在することが多い。あと3日余裕があるならば、フンザでのんびりして、おもいっきり満喫しよう。トレッキングで氷河を見に行くことも可能だ。

25

TRIP: 25 / 無敵の自信をゲット！する旅

モロッコ
MOROCCO

これを完走できたら、無敵の自信が生まれます。灼熱の砂漠を走り続ける、究極の体力勝負。世界一過酷なサハラマラソンへ挑戦！

北アフリカ・モロッコ南部、世界最大のサハラ砂漠で開催される地球上で最も過酷なマラソン、サハラマラソン。ただのマラソン大会ではない。水以外の衣・食・住に関わるすべての物資を担ぎ、7日間で230～250㎞を走破するというサバイバルだ。灼熱の日差しに照らされ気温は40℃以上、そして夜は15℃まで下がるという過酷な環境の中、時として吹き荒れる砂嵐などの大自然の驚異に立ち向かいながら、起伏のある砂漠、土漠を乗り越え、ゴールを目指しひたすら走り続ける…。この過酷なサバイバルトリップ、サハラマラソンに挑戦し、自分の中に眠る野生を蘇らせ、自分の限界を超えてみないか？

THIS IS THE "IRON MAN"!

～これが本当の鉄人だ！～

一番きついレースやった。
でもこのレースに参加して本当によかった。
本当に素晴らしいレースだった。
今までどれだけ自分が人に甘えてきたかわかったわ！

間寛平

地球上で最も過酷なアドベンチャー・マラソン

世界最大の砂漠、サハラに用意された230㎞超のコースを7日間で走破するという、地球上で最も過酷なアドベンチャー・マラソン「サハラマラソン」。1985年に、現在の主催団体であるAOI（Atlantide Organisation Internatinale）の代表、パトリック・バウワーがサハラ砂漠、約200㎞を完走し、「この感動をランナーに伝えたい」と大会を開催したのが始まりだ。2009年に開催された第24回大会には、世界39カ国から801名が出場。最高齢挑戦者はなんと72歳の日本人女性で、見事に完走！　もちろん出場者は皆、トレーニングを重ねた結果だが、完走率は毎年約94%。ほとんどのチャレンジャーがゴールまで辿りついているのだ。

7日間で、フルマラソン5回半!

サハラマラソンの距離は毎年変わるが、約230～250㎞＝フルマラソン5回半相当になる。コースは6ステージ7日間に分かれていて、前日に渡されるコース地図とコンパスを頼りに、自分のペースで自由に走る（歩く）わけだ。各ステージによって距離が違い、それぞれ制限時間が設けられている。10～20㎞の比較的短いステージは、12時間以内に、夜も走り続ける約80㎞の最長ステージは、34時間以内に走りきらなければ失格となる。そうして続く7日間の総合タイムで競われるレースなのだ。ちなみに'09年の総合優勝は36歳のモロッコ人男性で、タイムは16時間27分26秒。日本人では、間寛平さんが2008年に51時間46分5秒（521位）で完走している。

すべてを背負って走る！

このマラソン一番の特徴、それは食糧自給だ。つまり必要なものはすべて自分で用意するということ。水は運営側から、各チェックポイントとキャンプ地で支給されるが、それ以外の装備はすべて自分で用意し、バックパックに詰め込み、それを背負って走らなければならない。7日分の食糧、炊事道具、寝袋、懐中電灯、衣類、薬…その重量は10kgほどになる。もちろん自己責任なので、この重量は自分次第だが、快適に過ごそうとすればするほど、重くなり過酷になる。このバランスが難しいのだ。

人生史上、最も過酷な7日間

舞台は灼熱の砂漠。想像通り、コンディションはむちゃくちゃ過酷だ。コースだってマラソンのために用意される平坦な道のりではない。足元は砂地だったり、岩場だったり、様々だし、山のような大きな砂丘があったりと起伏も激しい。景色はどこまでも続く砂漠のみ。進んでいるという実感が得られず、生命力を吸い取られる。時として吹き荒れる砂嵐。おもむろに現れるサソリにだって気を付けなければならない。走り終えたクタクタな夜も、もちろんホテルなんてない。地元のモロッコ人たちが地面に木を立てて、布をかぶせて張ってくれた遊牧民のシンプルなテントだけ。当然きれいなトイレもない。キャンプ地には穴を掘ってビニールシートで囲っただけの仮設トイレがあるが、基本は野ション＆野グソ。まぁ、実はこれは素晴らしく気持ちいいんだけどね。

世界一の達成感と、無敵の自信！

とにかく7日間ずっと、アドベンチャー＆サバイバル。嫌でも自分が野生に還っていくのを感じるはずだ。もちろん苦しみだけではない。水を飲んだ時の身体中に沁み渡る感覚は、信じられないほど快感だし、キャンプ地でふと見上げた時に目にする、ミルクをこぼしたように広がる星空には、涙が溢れてしまう。そして何より、世界一過酷だからこそ得られる世界一の達成感は、他の何にも代えられない。
走っている最中は、「こんな大会出るんじゃなかった。死ぬかも…」と何度も思うはずだ。しかしゴールできれば不思議と、「あぁ、またいつかあの場所に戻りたい」と思っちゃうのだ。自分の限界を超えて、走り終えた時に得られるもの。それは走り終えた者にしか解らない。でも、ひとつだけ約束できる。サハラマラソンを完走すれば、絶対に、無敵の自信が得られる！

旅の予算
Budget

総予算 58万円～

※12泊14日／成田からの往復航空券・現地での移動費・ホテル5泊・レース中のキャンプ・マラソン出場料込み（一部食費除く）

総予算内訳

航空券の目安　10万円～

＊成田～パリ（エールフランス航空／エコノミークラス往復）＝10～15万円

サハラマラソン出場パッケージ代金の目安　48万円

＊サハラマラソンの日本窓口「国境なきランナーズ」から個人で申し込んだ場合。
※費用に含まれるもの…パリ3泊の宿泊費、パリ～ワルザザート（モロッコ）間の往復航空券、モロッコでのバス移動、レース中のキャンプ費用、モロッコ2泊の宿泊費、レース中のミネラルウォーター、緊急時のヨーロッパまでの帰国費用（保険）、サバイバルキット、その他のサポート。

旅のシーズン
Best Season

サハラマラソンは、毎年3月下旬～4月上旬にかけて開催される。この時期のサハラ砂漠は日中40℃を超え、夜は15℃まで下がるので、いずれの気温にも対応できる服装を用意しよう。本書は「7日間の旅」というテーマではあるが、この旅に関しては砂漠でのマラソンそのものが7日間。参加する場合、サハラマラソンの日本窓口「国境なきランナーズ」から申し込むので、レース開始の4日前にパリに入るスケジュールとなる。レース翌日に表彰パーティがあり現地で2泊した後、パリでの乗り継ぎ1泊と帰国便が搭乗の翌日着なので、終了後も4日間は必要になる。
※詳細は変更されることもあるので、まずはサイトで確認しよう。

行き方
How to get there

日本からは直行便でパリへ。レース2日前にパリ空港に集合し、大会本部（AOI）スタッフによる受付を経て、チャーター便でモロッコのワルザザードへ。到着後、バスでキャンプ地へ移動し、テント泊。翌日、様々なチェックを受け、テントでもう1泊し、サハラマラソンのレースが始まる。
日本からは「国境なきランナーズ」経由での申し込みとなるので、レース開始の4日前にパリに入るスケジュールとなる。パリでは現地在住スタッフからのレース説明を受けたり、必需品で足りないものなどを購入したりする。

旅の手配
Arranging the trip

日本からサハラマラソンに出場する場合、日本窓口「国境なきランナーズ」に出場書類一式を請求し、大会規則に従って、必要書類の提出と費用振り込みを行う。日本人枠は18名で、定員になり次第締め切られるので、まずは問い合わせてみよう。出場費用には、日本～パリの往復航空券以外はすべて含まれている（一部食事除く）。サイト上で、次回の開催情報や申し込み方法をはじめ、サハラマラソンに挑戦するためのアドバイスや過去のレースレポートも見ることができるので、まずはサイトをチェックして、参考にしてほしい。

［国境なきランナーズ］www.runners-wb.org（レース情報→サハラマラソン）

宿泊
Accommodation

レース前、レース中はテント泊、パリ3泊、モロッコ2泊の宿泊は、出場パッケージにすべて含まれているので、手配する必要はない。テントは主催者側が用意し、8人で1つを使用する。使用するテントは、スタート前日に発表される。地面にはカーペットが敷いてあるがマットはないので、寝袋の下に敷くマットを持参すれば快適。寝袋は必須持ち物で、持っていないとペナルティが課せられる。重量、暖かさを考慮して、好きな寝袋を持参しよう。

旅のヒント
Hints for the trip

サハラマラソンの出場資格は18歳以上で、大会本部が適正と認められる健康診断書および心電図を提出できる者。16歳以上18歳未満の出場希望者は、両親か保護者の同意書が必要となる。

世界一過酷なマラソンと言われている。出場するためには充分なトレーニングは絶対に必要。練習もせず、ノリで出場できるような甘いものではないので、覚悟の上で。

必要なものをすべて担いで走るレース。荷物の重さが結果を左右すると言っても過言ではない。なるべく軽くしたいところだが、寝袋など必ず持っていないとならないものが多数あるので注意。

荷物を詰め込むバックパックの容量目安は30 〜 40ℓくらい。レース中はウエストバックもあると便利。

レース中はすべて自己管理。日中直射日光の下だと40℃を軽く超える。各ポイントでミネラルウォーターが支給され、水分補給をしていくスタイルになるので、規則的に水分を摂ることになれておくことが基本であり絶対必要。練習のうちから意識しよう。

服装は綿素材のTシャツと短パンが最適。夜は15℃くらいまで冷え込むので、キャンプ用に暖かい服装も必要。夜も走り続けるステージがあることも忘れないように。日除けの帽子や砂埃防止のマスク、サングラスもあると便利。シューズはジャストサイズだとレース中に入る砂との摩擦が大きくマメができやすい。長時間のレースで足もむくむので、1.5 〜 2㎝大きめのシューズを選ぼう。

自分が食べるものは、すべて自分で用意。個人差はあるが1日3000 〜 4000カロリーが必要。フリーズドライの食べ物やお湯をかけるだけのインスタント食品がオススメ。

上記含め、様々な注意事項がある。事前に「国境なきランナーズ」のサイト（www.runners-wb.org）に開催されている＜サハラマラソンに挑戦するためのアドバイス＞をしっかり読んでおこう。

スケジュール例
Example Itinerary

1日目▶成田発〜パリ着、着後ホテルへ移動【ホテル泊】
2日目▶パリ在住スタッフからのレース説明、必需品不足物の購入など【ホテル泊】
3日目▶パリ（スタッフによる受付）発〜モロッコ・ワルザザード着、着後、バスでキャンプ地へ移動【テント泊】
4日目▶AM朝食後、テクニカル&メカニカル＆書類チェック、チェック終了後フリー【テント泊】
5日目▶5日目〜 10日目　サハラマラソン【テント泊】
11日目▶サハラマラソン最終ステージ、ゴール後、ワルザザードのホテルへ移動【ワルザザード泊】
12日目▶PM表彰パーティ【ワルザザード泊】
13日目▶AM朝食後、ワルザザード空港へバスで移動、モロッコ・ワルザザード発〜パリ着【パリ泊】
14日目▶パリ発〜成田へ
15日目▶成田着

TRIP: 26 / 鳥人間？になってみる旅

26 世界一周
WORLD JOURNEY

仕事は辞められないけど、やっぱり、一度は世界一周してみたいぜ！という人へ。世界一周航空券で行く、格安＆超弾丸世界一周プラン6！

世界一周航空券をご存じだろうか。同じグループの航空会社であれば、自分の行きたい都市を繋ぎ、最大16回飛行機に乗れて、自由に世界一周の旅を組み立てられるチケット、それが世界一周航空券だ。「有効期限も最長1年で、さらにマイルもたくさん貯まる」「価格はなんと約30万円から」と、なんだか素敵な夢のチケット!
とにかく世界一周してみたい…そんな夢を、仕事を辞めずに、ちょっと長めの休日だけで叶えちゃおう。時間的にも、体力的にも、いろんな意味で大変そう!? はい。もちろんです!　でも、細かいことは気にしない!　大切なのは遊び心だ。さぁ、格安＆超弾丸で、地球をぐるっと一周しちゃおう!

MIRACLE FOOTWORK
～これぞ、フットワークの軽さ、世界一！～

人生を楽しむコツは、どれだけ馬鹿なことを考えられるかなんだ

－ルパン三世－

夢の世界一周、約30万円から!

世界一周航空券。なんて魅力的な名前だろう。このチケットは1種類ではない。現在、日本で発売されている代表的なものには、スターアライアンス、ワンワールド、スカイチームなどがある。それぞれ特色、料金、ルールは異なるが、「同一方向に大西洋と太平洋を必ず1回横断すること」「有効期限が1年以内」「全旅程のルート、フライトを出発前に決める必要がある」というルールは共通している。
そして、価格面での特徴としては、「季節による料金変動がなく、1年中同料金」ということがある。特にオンシーズン(ゴールデンウィーク、夏休み、正月)で格安航空券の料金が跳ね上がっている時期でも、世界一周航空券の料金は変わらないので、この時期にしか休みが取れない人にとって大きなメリットがある。しかも価格はなんと約30万円から！　これなら仕事を辞めず、休日をうまく使って、世界一周できちゃう！

「10泊で世界一周」&「7日間×2回で世界一周」

このチケットを使い、7日間で世界一周！　と言いたいところだが、エコノミークラスの場合、「最低旅行日数は10日(現地10泊)」という制限があるので、ルール上NG…。
ということで、今回は「10泊で世界一周」と「7日間×2回で世界一周」を紹介しよう。
「10泊で世界一周」というのは、文字通り、10泊12日で世界一周を楽しむプラン。
「7日間×2回で世界一周」とは、例えば…1回目の休み(7日間)を使って、成田発でぐるっと地球を一周し、関空(成田以外の国際空港)に帰国。また数ヶ月後に2回目の休みを7日間とって、前回降りた関空から旅を再開。アジアあたりを周遊して、成田へ帰国する…という形だ。この方法なら「最低旅行日数10日」をクリアできる。しかも世界一周航空券1セットで、2回旅ができて、超お得だ！

「世界一周航空券を使った旅をリアルにイメージしてみよう！」ということで、航空券の専門店「世界一周堂」の協力のもと、テーマ別に6パターンのルート例を組んでみた。
次のページから紹介しているので、これらの例も参考にしながら、自分の欲求にあわせて、オリジナルのプランを組んでみては、どうだろう？

世界一周は、一生のうちに一度はやってみたい壮大な夢？　いやいや、その夢は今すぐ叶う！　さぁ、細かいことは気にせずに。格安&超弾丸世界一周旅行へGO！
きっと新しい世界が広がっていくはずだ。

旅の手配
Arranging the trip

世界一周の旅に興味のある人は、この本の制作にも協力していただいた、世界一周航空券の専門店「世界一周堂」に、アクセスしてみよう。プランの立て方から購入手続きまで、丁寧に相談に乗ってくれる。もちろん自分ですべてルート決めから手配までも可能だが、専門家に相談しながら決めた方が安心だし、旅のクオリティも上がるはず。

ⓘ［世界一周堂］www.sekai1.co.jp/

世界一周航空券専門家　角田直樹
「株式会社　世界一周堂」社長。世界一周旅行のスペシャリストとして、2010年4月現在、7000以上の世界一周ルートの提案、2500人以上の世界一周旅行者をサポートしている。

「世界一周堂」Presents

世界一周航空券を使う旅

～格安&超弾丸世界一周プラン6～

<注>

※TAX等の諸費用（各国出国税・空港施設利用料・航空保険料・燃油サーチャージ等）が別途かかります。

※すべて日本発の世界一周航空券（エコノミークラス利用）の値段です。各自移動費用・ホテル代・現地費用等は含まれておりません。

※「7days×2世界一周」のプランの有効期限は1年以内です。1年間の内に2回旅をするプランとなります。

※世界一周航空券のルール・価格改訂が実施された際は、紹介した内容・値段で適用できない場合がございます。

PLAN ① 世界の大自然を身体で感じたい!

スイスアルプス&エベレスト、ナイアガラ&イグアスの滝、サハラ砂漠やモンゴルの大草原、神秘のオーロラなど、世界の雄大な大自然を満喫できる弾丸世界一周ルート。

10 night（10泊12日間）世界一周ルート

スターアライアンス利用：29000マイル内　29万円

成田→チューリッヒ［アルプス］→トロント→（カルガリー乗り継ぎ）→イエローナイフ［オーロラ］→（カルガリー&バンクーバー乗り継ぎ）→成田

※チューリッヒからアルプスへは各自移動
※トロントからナイアガラ滝へは各自移動

7days×2世界一周ルート

スターアライアンス利用：39000マイル内　39万円

1回目：大阪→（フランクフルト乗り継ぎ）→カサブランカ［サハラ砂漠］→（フランクフルト乗り継ぎ）→サンパウロ［イグアスの滝］→（NY乗り継ぎ）→成田

2回目：成田→（バンコク乗り継ぎ）→カトマンズ［エベレスト］→（バンコク・北京乗り継ぎ）→ウランバートル→（北京乗り継ぎ）→大阪

※カサブランカからサハラ砂漠へは各自移動
※サンパウロからイグアスの滝へ各自移動
※カトマンズから、エベレストまでは各自移動

MEMO

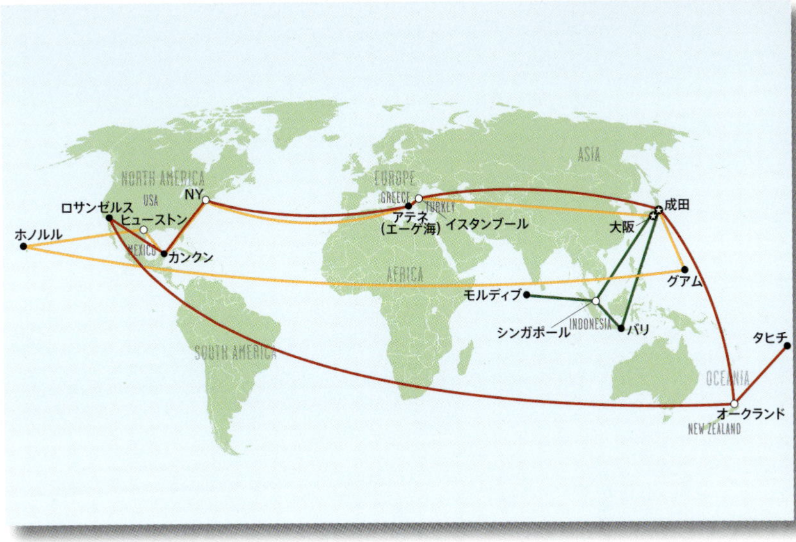

PLAN ② 世界のリゾートをまわって南国ライフを堪能したい!

常夏のビーチ巡りから、サーファ憧れの波乗り巡り。これぞ、究極の南国リゾート満喫、世界一周弾丸ルート。

10 night (10泊12日間) 世界一周ルート

スターアライアンス利用：34000マイル内　34万円

成田→(オークランド[NZ]乗り継ぎ)→タヒチ→(オークランド[NZ]乗り継ぎ)→ロス→カンクン→(NY乗り継ぎ)→アテネ[エーゲ海]→(イスタンブール乗り継ぎ)→成田

※アテネからエーゲ海へは各自移動

7days×2 世界一周ルート

スターアライアンス利用：39000マイル内　39万円

1回目：成田→グアム→ホノルル→(ヒューストン乗り継ぎ)→カンクン→(NY乗り継ぎ)→アテネ[エーゲ海]→(イスタンブール乗り継ぎ)→大阪

2回目：大阪→(シンガポール乗り継ぎ)→モルジブ→(シンガポール乗り継ぎ)→バリ島→(シンガポール乗り継ぎ)→成田

※アテネからエーゲ海へは各自移動

MEMO

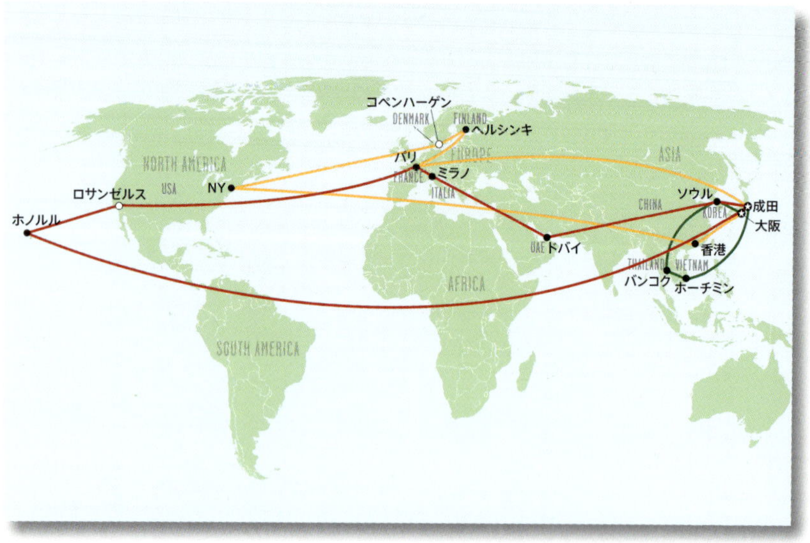

PLAN ③ 世界中でショッピングを楽しみたい!

最新トレンド、高級ブランド、アジアン雑貨、北欧デザインなど、世界中の都市でショッピングを堪能できる、買い物天国世界横断弾丸ルート。

10 night (10泊12日間) 世界一周ルート

スカイチーム利用 : 29000マイル内　38万円

成田→ソウル→ドバイ→ミラノ→パリ→ (ロス乗り継ぎ) →ホノルル→成田

7days×2 世界一周ルート

スターアライアンス利用 : 29000マイル内　29万円

1回目 : 成田→パリ→ヘルシンキ→ (コペンハーゲン乗り継ぎ) →NY→香港 [マカオ] →大阪
2回目 : 大阪→ソウル→バンコク→ホーチミン→成田

MEMO

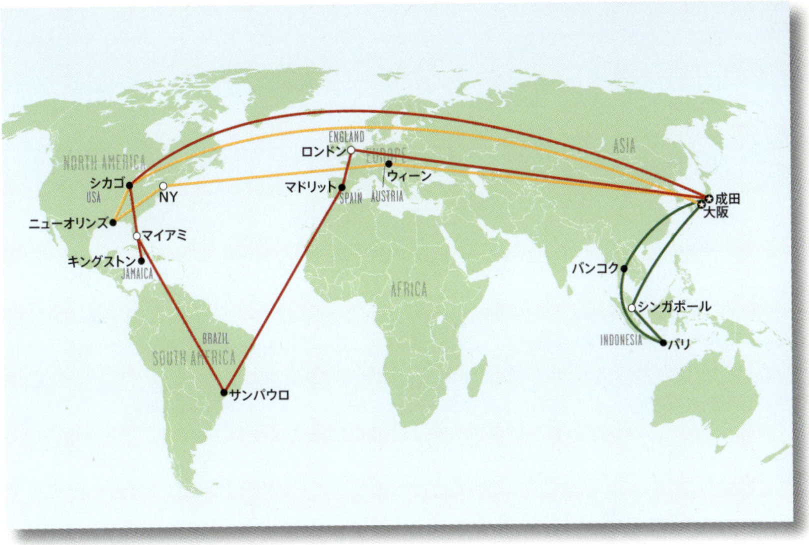

PLAN ④ 世界中の音楽を現地でナマで楽しみたい!

ブラジルでサンバを、ジャマイカでレゲエを、スペインでフラメンコを、ニューオリンズでジャズを、シカゴでブルースを、ウィーンでクラシックを、バリ島でガムランを、タイで民族楽器を…。世界中の様々な音楽を、現地でナマで楽しみたい人のための世界一周ルート。

10 night (10泊12日間) 世界一周ルート

ワンワールド利用：4大陸　36万円

成田→シカゴ→ (マイアミ乗り継ぎ) →キングストン→ (マイアミ乗り継ぎ) →サンパウロ→マドリッド→ (ロンドン乗り継ぎ) →成田

7days×2世界一周ルート

スターアライアンス利用：29000マイル内　29万円

1回目：成田→ウィーン→ (NY乗り継ぎ) →ニューオリンズ→シカゴ→大阪
2回目：大阪→ (シンガポール乗り継ぎ) →バリ島→バンコク→成田

MEMO

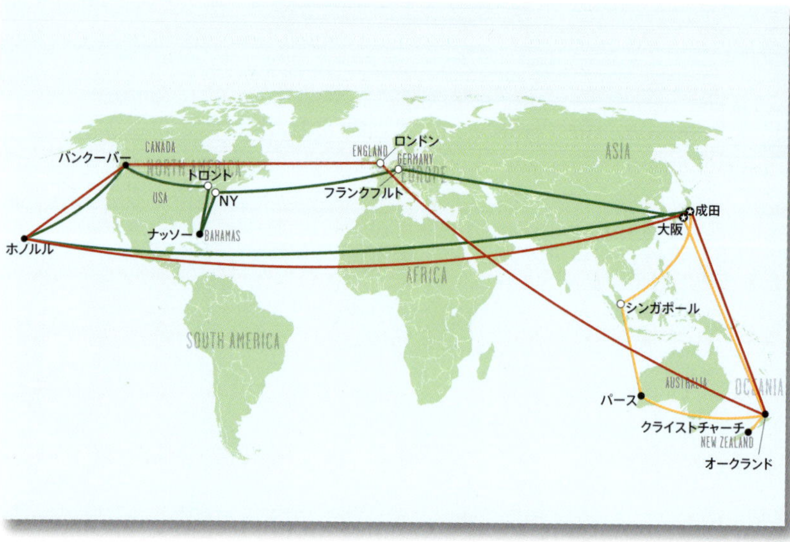

PLAN ⑤ 世界中のイルカ・クジラと泳ぎたい！

イルカの楽園ハワイ、カナダのビクトリア、ニュージーランドのカイコウラ、オーストラリアの西海岸、カリブ海のバハマなど…。世界中のイルカ&クジラと戯れる世界一周弾丸ルート。

10 night（10泊12日間）世界一周ルート

スターアライアンス利用：29000マイル内　29万円

成田→ホノルル→バンクーバー［ビクトリア］→（ロンドン乗り継ぎ）→オークランド→成田

7days×2 世界一周ルート

スターアライアンス利用：39000マイル内　39万円

1回目：大阪→（オークランド乗り継ぎ）→クライストチャーチ→オークランド→パース→（シンガポール経由）→成田

2回目：成田→ホノルル→バンクーバー→（トロント乗り継ぎ）→ナッソー［バハマ］→（NY・フランクフルト乗り継ぎ）→大阪

※バンクーバーからビクトリアまでは各自移動

MEMO

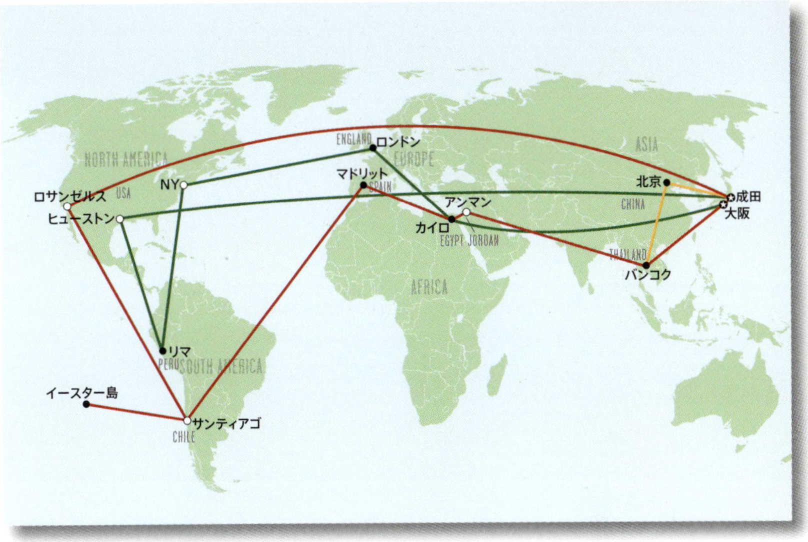

PLAN ⑥ 世界の不思議に触れたい!

万里の長城、アンコールワット、ピラミッド、ストーンヘンジ、マチュピチュ遺跡、イースター島…など、世界の人気ミステリースポットを制覇する弾丸世界一周ルート。

10 night（10泊12日間）世界一周ルート

ワンワールド利用：4大陸　36万円

成田→バンコク→（アンマン乗り継ぎ）→カイロ［ピラミッド］→（マドリット・サンチアゴ乗り継ぎ）→イースター島→（サンチアゴ・ロス乗り継ぎ）→成田

※バンコクからアンコールワットへは各自移動

7days×2世界一周ルート

スターアライアンス利用：34000マイル内　34万円

1回目：成田→北京［万里の長城］→バンコク［アンコールワット］→大阪

2回目:大阪→カイロ→ロンドン［ストーンヘンジ］→（NY乗り継ぎ）→リマ［マチュピチュ］→（ヒューストン乗り継ぎ）→成田

※ロンドンからストーンヘンジまでは各自移動

※バンコクからアンコールワットへは各自移動

※リマからマチュピチュは各自移動

MEMO

「７日間で人生を変える旅」
ツカえる旅情報ノート

Travel Information Note

まずは、これが基本！航空券を安く買うためのテクニック集

TECHNIQUE FOR GETTING DISCOUNT TICKET

TECHNIQUE: 1 to 5

Technique：1

旅のタイミングを見極めよう。

旅のタイミングは重要だ。当たり前だが、誰もが行きたい時は航空券の値段が高くなる。ピークからほんの少しずらすだけで、値段がガクっと下がったりする。そこがポイント。まずは週末。航空券の種類、方面、航空会社によって異なるが、追加料金がかかる「週末設定」というのがあるので、これは避けたいところだ。往路出発が土曜日・日曜日、または復路出発が金曜日・土曜日となる場合に追加料金がかかるケースが多い。往復共に週末設定になってしまうと、基本料金から１万円くらい高くなってしまう。よっぽどの事情がない限り、こういった曜日は避けるようにしよう。
また皆が休みになる夏休みやゴールデンウィーク、年末年始などは当然ながら料金が跳ね上がる。ここを避けて、少しだけタイミングをずらす。例えば春休みに旅に出るなら、できるだけ早く出る。夏休みなら７月中に出発するか、逆に９月まで待って出発するか。ピークの８月を外せば確実に料金は下がる。ピークから数日ずらすだけでも結構値段が下がることがある。有給休暇などをうまく使って、うまいタイミングで旅に出よう。節約できる金額を考えれば、多少の努力や犠牲も無駄ではないはずだ。

Technique：2

早めのアクションを起こそう。

通常、旅の手配は早ければ早いほど割引が多く、間際になればなるほど正規値段になっていく。早めにスケジュールを決めてしまえば、他の予定も調整できるし、金額負担も軽くなる。一石二鳥だ。だから「行きたい！」と思ったら、すぐアクションを起こすべし！　いつか行けたら…という気持ちでは、実はなかなか行けない。気になったら、すぐにでも手配しちゃおう。例えば、自由人・高橋歩が「妻とふたりで世界一周に出る！」と決めた時は、即日オーストラリア行きの航空券を買っちゃったそうだ。それからスケジューリング＆資金貯蓄…そして２年間に及ぶ世界一周！　そう。決めてしまえば、すべては動き始める。夢の旅を実現したい。しかもなるべく安く…という人は、やる気になった瞬間に、すぐさまアクションを！

Technique：3

見積もりは、必ず数社から取ろう。

今の情報社会、とにかく予算を下げるためには調査することが絶対必要だ。ひとつの旅行会社だけで航空券の見積もりを取って、そんなものかと決定…なんて論外！　旅行会社によっては特定の航空会社との特別割引契約を持っていたり、方面での得意不

得意があったり、会社ごとの特色がある。また航空券に強い会社、ホテルに強い会社、パックに強い会社など、それぞれ得意部門が違っていたりする。だからこそ、ひとつでも多くの旅行会社から見積もりを取ってみて、見比べる必要があるのだ。

インターネットを駆使すれば、Yahooトラベルや楽天トラベルなどの大手サイトから、スカイゲート、フリーバードといった空席紹介から発券までをオンラインで一度にできてしまうサイトまで、有益なものがたくさん出てくる。本書でも「旅の準備に使えるリンク集」を用意したので、ぜひ参考に。情報を制する者が、安い旅を制する！　面倒くさがらず、とにかく情報を集めるべし！

Technique：4

航空会社のサイトも必ずチェックしよう。

安い航空券＝格安航空券というのはもう過去の話だ。航空会社自身の正規割引航空券や期間限定の割引キャンペーンなどは、時には格安航空券よりも安かったりする。また正規割引航空券はマイルの積算率、利用便の確定や復路変更の条件などが、格安航空券より断然いい場合がある。「値段」だけでなく旅のトータルな「価値」で見た時に、正規割引航空券は実はかなりお得な選択肢になるので、目的地に就航している航空会社のサイトは必ずチェックしよう。

どの航空会社が就航しているか探すには、それぞれの航空会社のサイトにあるルートマップを見ればわかるが、ひとつひとつ見ていくと、ちょっと大変。まず、行きたい空港をインターネットでウィキペディアなどを使って調べて、ある程度目星をつけてから航空会社のサイトで確認するとスムーズに探し出せる。

Technique：5

海外で航空券購入するのもあり!

ちょっと上級者コースだが、航空券の海外購入も忘れてはいけない。例えば「日本からタイに行き、タイから東南アジアを色々とまわりたい」と考えた場合。そんな時は、まずは日本からタイまでの往復航空券を購入し、その他の航空券はタイに渡ってから現地で購入する。物価は安いし、現地ならではの割引制度があることがあるので、日本で全行程の航空券をまとめて揃えるよりお得になることが多い。世界各地のバックパッカーが多く集まるエリアに行けば、必ず旅行代理店がいくつかあるし、「行きたいところ」と「日程・時間」さえ伝えられれば、言葉がペラペラじゃなくても何とかなる！　現地で航空券を手配できるようになれば、旅がさらに安く、そして楽しくなること間違いなし！

MEMO

若さを活かせ！
学生・若者限定のお得な割引情報
ONLY FOR YOUTH

これ、使ってる?

海外で得する、若者割引や学生割引って、意外とあるんです！
若いうちは知らなきゃ損、そんな代表的なものを紹介！

ユースフェア航空券

多くの航空会社が12～24歳までの人を対象とした「ユースフェア航空券」という割引航空券を発行している。通常の格安航空券よりも、さらにお得なケースが多い。しかも通常の格安航空券は、有効期間が1週間から1ヶ月と短いが、ユースフェア航空券だと期間が1年というのも存在するので、長期の旅にはもってこいだ。また格安航空券では「帰国便変更不可」というのが多いが、ユースフェア航空券なら、帰国便の日程変更が可能なものもあるので、旅の途中で「やっぱりもっとここにいたい！」と思っちゃったとしても、問題なし！
例えばエールフランスのユースフェア航空券（12～24歳対象）は、安い時だと6万円前後！　有効期間は1年で、帰国便の日付変更も1年以内ならOK。パリを含むヨーロッパ60カ所以上まで同料金で行ける。また、到着した空港から、帰りの飛行機も乗るのが普通だが、「オープン・ジョー」といって、違う空港から帰りの飛行機に乗ることも可能。例えば「行きは成田からパリへ。でも帰りはヨーロッパをいろいろと巡って、ローマから帰りたい！」なんてことができるわけだ。しかも「予定がズレちゃった。帰国便の日付を遅らせたい！」なんて時も無料で変更できる。
こんな便利でお得な航空券、若いうちは使わなきゃ損でしょ！

国際学生証・国際青年証

ユネスコ承認でWYSETC（世界青年学生教育旅行連盟）が発行する「国際学生証」という世界的な身分証明書がある。これがあれば、世界106カ国で史跡、博物館、美術館や鉄道やバスなどの公共交通機関、テーマパークやレストランまで割引が適用されるのだ。また学生でなくても、25歳までであれば同様の割引が適用される「国際青年証」というのもある。日本では大学生協や委託を受けている発行所で取得できるので、旅に出る前に、忘れずにゲットしておこう！

［発行所一覧］http://isic.univcoop.or.jp/hakko（都道府県別発行所の検索が可能）

割引例

交通

【イギリス～フランス】ユーロスター：学割料金あり
【アメリカ】AMTRAK：鉄道券15% OFF
【オーストラリア】COUTRYLINK：40% OFF

観光

【アメリカ】ユニバーサル・スタジオ：15% OFF（ピークシーズン除く）

【カナダ】CD TOWER：入場料15% OFF
【オーストラリア】DREAMWORLD：一日券AUD53ドル

レストラン・バー・ショップ・宿泊
【イギリス／北米】HARD ROCK CAFÉ：ISIC特別メニューあり
【イギリス】PICCADILLY BACKPACKERS：ホステル割引あり、無料アップグレード
【アメリカ】BLUE NOTE JAZZ CLUB：22:30からのショー、50% OFF

【割引詳細】http://test.isic.org/student-discounts/discounts-worldwide.aspx（英語）

学生専用のクレジットカード

海外に行く時にすべて現金で持って行くのは恐い！　とはいえ、トラベラーズチェックだけだと使えない店があって不便…。そういった意味ではクレジットカードは非常に便利だ。「クレジットカードって、社会人の特権でしょ？」。いやいや、そんなことはない。各カード会社では、学生専用のクレジットカードを発行している。学生は「学生」という確固たる身分があるので、審査は通りやすいのだ。学生証や身元を保証するパスポートや保険証、印鑑や銀行口座の情報を提出すれば、意外と簡単にクレジットカードは作れる。年会費も安めに設定されていて、学生向けの特典もあるので、1枚は持っておきたいところ。
オススメは「海外旅行障害保険」が付帯しているカード。カード会社にもよるが最高2,000万円の死亡後遺症保険、病気や怪我の治療、賠償責任、携行品損害などの補償サービスがついている。何かあった時、保険があれば安心。クレジットカードを持つなら一枚両得で保険つきのものに加入しよう。

【三井住友VISAクラシックカード（学生）】
www.smbc-card.com/nyukai/card/classic_student.jsp
【学生専用Life CARD】　www.lifecard.co.jp/card/credit/std
【国際学生証DCカード】　www.cr.mufg.jp/landing/dc/is

[協力：STA TRAVEL グローバルセンター高田馬場営業所]
www.statravel.co.jp / TEL: 03-5287-3543

世界17カ国、375店舗以上の幅広いネットワークを持ち、若者が顧客層の中心という会社では世界最大。世界中の若者が得する情報を数多く提供している。ユースフェア航空券の取り扱いや国際学生証・国際青年証の発行も受けつけている。

MEMO

時は金なり!
旅を7日間に収めるための
時間短縮術

TECHNIQUE FOR MINIMUM TIME

TECHNIQUE: 1 to 3

Technique : 1

無駄な乗り継ぎ時間を、なるべく短縮!

直行便で目的地に行ける場合はいいが、途中、乗り継ぎがある場合は、「乗り継ぎ時間」が重要になる。同じ空港でも飛行機によっては、わずか1時間で乗り継げることもあれば、10時間以上待たされる場合もある。この時間の差は非常にもったいない!
空港で無駄に時間をつぶすより、なるべく早く現地に行って、遊びまくろう!…ということで、この乗り継ぎ時間は、絶対に短縮すべき。
理屈は簡単。電車の乗り継ぎと一緒だ。乗り継ぎ時間が短くなるように、なるべく時間が近い飛行機を選べばいいのだ。こだわりのチケット手配が、旅の時間を大きく短縮する!
旅行会社でチケットを手配してもらう場合は、基本的にはなるべく早く乗り継げるように発券してくれることが多いが、お願いする時に、「なるべく短い乗り継ぎ時間で!」と一言付け加えるようにしよう。その一言だけで、もっと効率的なチケットがゲットできることがある。旅行会社任せにしていると、場合によっては「乗り継ぎ時間は長いが、最安値のもの」を、よかれと思って出してくれたりする。もちろん安いのも重要だが、限られた時間で旅をする場合に限っては、1000円、2000円をケチって、乗り継ぎだけのために何時間も貴重な時間を無駄にするのはバカらしい。旅行会社任せで決めるのではなく、旅行会社にいくつか候補を出してもらい、自分で選ぶというスタンスが重要だ。
自分でチケットを手配する場合は、インターネットがオススメ。「スカイゲート」や「フリーバード」といったサイトで、予約から発券まで、すべてオンラインで手配できる。日程、出発地、到着地などを入力すると、乗り継ぎ便も含め、いくつかのフライトが出てくる。その中で金額や乗り継ぎ時間の長さを照らし合わせて、ベストのものを選ぶようにしよう。
ちょっとしたこだわりで、「貴重な旅時間」の使い方は大きく変わるのだ。

[スカイゲート] http://www.skygate.co.jp/
[フリーバード] http://www.free-bird.co.jp/

Technique : 2

旅の中に休息時間を作り、旅を1日延ばそう!

旅のスケジュールを組む時、「帰国した翌日は1日ゆっくりと休みたい!」と言うことで、帰国日を仕事の前々日に設定していない？　気持ちはよ〜くわかる。でも、その1日を旅のスケジュールに組み込めれば、もっと充実した旅にできるはず。
…というわけで、この際、ビジネスクラスに乗っちゃおう!　ビジネスクラスはエコノミークラスとは大違いだ。エコノミーでのフライトは、「苦痛で、疲れがたまってしまう時間」だ。しかしビジネスにすれば、空港ではラウンジを利用でき、搭乗待ち時間も非常に快適。フライト中も大きな座席でストレスなし。眠くなればフルフラットのベッド状態にして、スヤスヤ眠ることができる！　しかも食事はコースメニューで美味！　そう。ビジネスでのフライトは、「快適で、ゆっくりと身体を休める時間」になるのだ。つまり、ビジネスに乗れば、帰国日翌日からバリバリ仕事できる＝旅スケジュールが１日延ばせるわけだ。
「えー、でもお高いんでしょう？　庶民の僕には無理ですよ…」という声が聞こえてきそうだが、諦めるのはまだ早い。たしかに欧米線だと、高すぎて手は出しづらい。しかしアジア路線などでは、モノによっては意外と安かったりする。例えば、成田〜バリ。ガルーダインドネシア航空では、エコノミークラスは往復８万円ほどから、ビジネスクラスだと13万円くらいから販売している（2010年４月現在）。つまり５万円プラスすれば、往復14時間半が、疲れる時間から休息の時間へと変えることができ、旅スケジュールを１日延ばすことができるわけだ。
タイムイズマネー、時は金なり。たまには少し奮発して、休息の時間を手に入れてみない？

［スカイゲート］ http://www.skygate.co.jp/
［フリーバード］ http://www.free-bird.co.jp/

Technique : 3

現地に強い味方を!

旅中に重要になるのは、現地での時間の使い方だ。非効率的な順番で移動したり、移動手段を間違ったりすると、貴重な時間をどんどんロスしてしまう。もちろん、時間に制限がなければ、すべてを自分で手配、もしくは、事前に何も決めずにアドリブで旅するのも楽しい。でも限られた時間の中で楽しもうとする場合は、強い味方＝相談相手がほしいところ。しかもせっかくならスペシャリストがいい。そんな時に頼りになるが、現地の旅行会社やその地域に詳しい旅行会社だ。豊富な知識や経験から、最善の旅へとナビゲートしてくれる。例えばＡからＢへのベストな移動方法や、観光に合わせた立地の良いホテル、ガイドブックには載っていない現地ならではのアクティビティなど、スペシャルなアドバイスが得られる。専門的な旅行会社を探し、相談し、手配すれば、効率的に時間短縮できる上に、想像以上に深い旅を楽しむことができるだろう。
旅行会社の探し方は、やはりインターネットが一番。「ブータン　旅行会社」「イエローナイフ　オーロラ　旅行会社」といった感じで、地名や目的を入力して検索すると、いくつか旅行会社が出てくる。総合的に探したいのであれば、「タビズム」というサイトがオススメ。テーマやエリアに分類されて、専門性の高い旅行会社が登録されている。行き先や旅のテーマが決まったら、まずはこのサイトでそれぞれの旅行会社がどういった地域やテーマに強みを持っているか探って、気になる旅行会社に問い合わせてみよう。
味方＝相談相手の存在は、旅の時間と深みを大きく変える！

［タビズム］ http://www.tabism.jp

MEMO

ツカえる旅情報はここで！ 旅の準備に使えるリンク集

USEFUL WEB SITES

目的地への行き方・距離などを調べたい!

Googleの提供している地図＝Googleマップ。世界中の地図情報が入っていて、衛星写真などもあり非常に高性能である。「駅名」「住所」「施設名」「緯度経度」など様々な検索方法があり、ルート・乗換案内で出発地と到着地を入れて検索すれば、「徒歩」「車」「電車・飛行機」を利用した場合のルート、時間、金額が表示される。馴染みのない街へ行く際などに、あらかじめ調べて印刷しておくと便利。また全世界対応ではないが、多くの主要都市で「ストリートビュー」という機能が使える。これは、地図上で現地のサンプルパノラマ写真を見ることができるというもの。ストリートビューを使えば、現地の実際の景色を、まるでそこに場所に立っているかのように見ることができる。事前に世界をバーチャル散歩して、目印などを見つけておくのもいい。

［Googleマップ］ http://maps.google.com/

目的地への行き方・距離などを調べたい!

様々な旅行会社や格安航空券情報が集まるサイト。日程や行きたい場所を入力すると、取り扱っている旅行会社のツアーや、航空券、宿泊プランがずらっと出てくる。検索された、たくさんの情報を見比べながら、自分の希望や条件にあった旅行会社を探す。比較検討の上、最適な旅行会社を見つけたら、そのまま問い合わせ！　問い合わせる際は、前後の日程でより安くなる日がないかも確認した方がいい。パンフレットを集める手間が省けるし、ひょんなことから、予想もしなかった旅に出会えるかも！

［ヤフートラベル］ http://travel.yahoo.co.jp/

［トラベルコちゃん］ http://www.tour.ne.jp/

航空券を購入したい!

飛行機の空席照会から予約、発券までができるサイト。日程や行きたい場所を入力すると、リアルタイムで料金と空席情報が出てくるので、最もいい条件のフライトが見つかったら、その場で即購入！　また同時にホテルの手配も可能なので、すべて自分で手配する旅を考えているなら、非常に便利なサイトだ。

［スカイゲート］ http://www.skygate.co.jp/

［フリーバード］ http://www.free-bird.co.jp/

宿を予約したい!

「航空券の手配は自分でできるけど、現地に問い合わせして宿を予約するのは難しい」。そんなあなたにオススメなのがこちら。世界中のホテルの予約ができる、オンライン旅行サイト（日本語版）。滞在する都市名、日程、宿泊者人数を入れて検索すると、ずらっと宿が出てくる。ホテルの写真や説明、旅行者の評価も見られるので、金額とあわせて、豊富なラインアップの中から比較検討できる。最適な宿が見つかったら、そのままオンライン予約・決済へ。また、日本語コールセンターへ、電話で問い合わせることもできる。

［エクスペディア］ http://www.expedia.co.jp/

［BOOKING.COM］ http://www.booking.com/

名物料理を知りたい！　レストランを予約したい！

旅行先でレストラン予約をするとしたら、電話でするのが一般的。ホテルのコンシェルジュに頼むのもひとつの手だが、地域は限られるが、オンラインで予約できるところがある。オープンテーブルはアメリカ、イギリスのほぼ全土に加え、合計17カ国（2009年現在）のレストラン予約が可能なサイトだ。訪れる国で予約が可能な場合は、非常に便利。

［オープンテーブル］ http://www.opentable.com/（英語）

スポーツやライブなどのチケットを買いたい！

アメリカを中心に世界18カ国でのスポーツやライブのチケットを販売しているサイト。チケットをオンラインで購入すると、ほとんどの場合、当日チケット販売所で購入時に利用したクレジットカードを掲示することでチケットとの引き換えになる。

［チケットマスター］ http://www.ticketmaster.com/（英語）

＋α［チケッツナウ］ http://www.ticketsnow.com/（英語／アメリカのみ）

天気予報を知りたい！

世界中の天気をオンタイムで予報しているサイト。正確な予報内容に定評があるので、行き先の都市名と、国名か空港コードを入力すると、5日先までの予報が一覧できる。

［ウェザーアンダーグラウンド］ http://nihongo.wunderground.com/

行き先やホテルの口コミを見てみたい！

行き先や泊まるホテルが、どんなところかは気になるところ。そんな時に便利なのが、口コミサイト。行き先やホテルの評価などを、様々な旅行者がそれぞれの視点で書き込んでいるので、いろいろと検討する際や情報が欲しい時には非常に役に立つ。

［トリップアドバイザー］ http://www.tripadvisor.jp/

［4トラベル］ http://4travel.jp/

通貨の両替レートを知りたい！

世界中の通貨の両替レートが、リアルタイムにわかるサイト。ドルや円からだけでなく、どの通貨からのレートでも計算できるので、国をまたぐ旅をする上で、非常に便利。このサイトで出てくるレートは、あくまでその時点での取引レートなので、実際に街の両替商や銀行で両替する時のレートとは異なるが、参考にするといいだろう。

［Bloomberg/為替レート計算］
http://www.bloomberg.co.jp/tools/calculators/currency.html

［世界の通貨レート］ http://quote.yahoo.co.jp/m3

その他お役立ちサイト

［世界の時計］ http://www.timeanddate.com/worldclock/

［外務省 海外安全HP］ http://www.anzen.mofa.go.jp/

［ヤフー 旅の準備と手続き］ http://abroad.travel.yahoo.co.jp/tif/prepare/

［世界の観光地情報］ http://abroad.travel.yahoo.co.jp/tif/

［ヤフー 航空会社プロフィール］ http://abroad.travel.yahoo.co.jp/tif/airline/

［各航空会社のおすすめの座席検索サイト］ http://www.seatguru.com/（英語）

挨拶と笑顔があれば大丈夫！
世界８言語の挨拶集

GREETINGS

英語・フランス語・スペイン語・アラビア語・中国語・ロシア語・ヒンディー語・スワヒリ語
※アラビア語、ヒンディー語は、現地語の表記ではなくローマ字で表記してあります。

旅先で、現地の人との交流を楽しもう!

もちろん、語学力はあるに越したことはないが、なくてもビビることはない。たったこれだけの言葉を使うだけでも、現地の人とのコミュニケーションは大きく広がり、旅がさらに面白くなるはずだ。さぁ、まずはここから。ぜひ、旅先で！

MEMO

▶英　語

こんにちは	HELLO（ハロー）
ありがとう	THANK YOU（サンキュー）
サイコー!!	GREAT!! / COOL!!（グレイト!!／クール!!）
また逢おう	SEE YOU AGAIN（シー・ユー・アゲイン）
愛してるよ	I LOVE YOU（アイ・ラブ・ユー）
友達だぜ	FRIENDS（フレンズ）
日本	JAPAN / JAPANESE（ジャパン／ジャパニーズ）

▶フランス語

こんにちは	SALUT（サリュツ）
ありがとう	MERCI（メルシー）
サイコー!!	GRAND!! / SUPER!!（グランド!!／スペー!!）
また逢おう	AU REVOIR（オルヴォワー）
愛してるよ	JE T'AIME（ジュテーム）
友達だぜ	AMIS（アミ）
日本	JAPON / JAPONAIS（ジャポン／ジャポネー）

▶スペイン語

こんにちは	HOLA（オラ）
ありがとう	GRACIAS（グラシアス）
サイコー!!	GRANDE!! / BRAVO!!（グランデ!!／ブラボー!!）
また逢おう	HASTA LUEGO（アスタ ルエゴ）
愛してるよ	TE QUIERO / TE AMO（テ・キエロ／テ・アモ）
友達だぜ	AMIGOS（アミーゴス）
日本	JAPÓN / JAPONÉS（ハポン／ハポネ）

▶アラビア語

こんにちは	SAIDA / AS SALAMU ALAYKUM（サイーダ／アッサラーム アライクム）
ありがとう	SHUKRAN（シュクラン）
サイコー !!	KWAYYIS（クワイイス）
また逢おう	MA'AS SALEMA（マッサラーマー）
愛してるよ	AHABA（アハッバ）
友達だぜ	SADEEK（サディーグ）
日本	ELYABAN / YABANI（ル・ヤーパーン／ヤーバーニー）

▶中国語

こんにちは	你好（ニーハオ）
ありがとう	謝謝（シェイシェイ）
サイコー !!	了不起（リアオプチー）
また逢おう	再見（ツァイジェン）
愛してるよ	我愛你（ウォー・アイ・ニー）
友達だぜ	朋友（ポンヨウ）
日本	日本／日本人（リーベン／リーベンレン）

▶ロシア語

こんにちは	ЗДРАВСТВУЙТЕ!（ズドラストヴィチェ）
ありがとう	Спасибо（スパスィーバ）
サイコー !!	ХОРОЩО/МОЛОДЕЦ（ハラショー !!／マラデェッツ !!）
また逢おう	Ну Пoka（ヌー パカー）
愛してるよ	Я ЛЮБЛЮ ВАС（ヤー リュブリュー バス）
友達だぜ	ДРУЗЬЯ（ドルウジア）
日本	ЯПОНИЯ /ЯПОНСКО（イポーニヤ／イポーンスコ）

▶ヒンディー語

こんにちは	NAMASTE（ナマステ）
ありがとう	DNANNYAWAD（ダンヤクド）
サイコー !!	ACHYA（アッチャー !!）
また逢おう	PHIR MILEGE（ピィルミレンゲ）
愛してるよ	MUJE PASAND AP（ムジェ パサンド アペ）
友達だぜ	DOOSTO（ドースト）
日本	JAPAN / JAPANI（ジャーパーン／ジャーパーニ）

▶スワヒリ語

こんにちは	JAMBO（ジャンボ）
ありがとう	ASANTE（アサンテ）
サイコー !!	NZURI!!（ヌズーリ !!）
また逢おう	KWAHERI（クワヘリ）
愛してるよ	NI NA PENDA（ニナペンダ）
友達だぜ	RAFIKI（ラフィキ）
日本	JAPAN / MJAPANI（ムジャパニ）

HAVE A NICE TRIP!

編集後記

いやはや。いよいよ、最後のページになりました。
ここまで読んでくれて、本当にありがとう！
少しでも楽しんでもらえたら、編集部一同、すべての苦労が報われます。はい。
本書は、広告の縛りゼロで、自分たちの感性で自由に創る、インディペンデントな旅ガイドの第２弾。
地球中の“夢の旅”を紹介した第１弾『地球を遊ぼう！』は、発売当初から大きな話題を呼んだ。…と同時に、「そりゃー俺だって休みがいっぱいあれば、旅に行きたいよ！　でも、なかなか休みが取れないんだっつーの！」というお声もたくさん頂いた。そんな声に応えるべく、この企画は立ち上がったのだ。
人生を変えるほどの衝撃を与える旅。そんな旅に行くためには、会社を辞めてプータローになるしかないのか？　いや、そんなことはない。限られた時間でだって、驚くような体験はできるはず！　そんな想いから、会社を辞めなくても、ギリギリ用意できるであろう休み＝７日間をベースに、「人生を変える旅」を紹介することにした。
まずはリサーチから！　世界中を飛び回っている旅人たちや、旅行会社、現地ガイドなどなど、様々な旅のプロフェッショナルに、「人生を変える旅と聞いて思いつく旅は何？　ただし７日間で行ける旅ね！」と聞きまくり、集まった旅の中から厳選したのが、今回の26箇所だ。
そこからは怒涛の制作デイズ…。スペイン行きのフライトを調べていたら、カナダの犬ぞりの写真が届き、オーストラリのゲイパレードの詳細を書きこんでいたら、ブータンの旅行会社から電話があり、京都に写真撮影に行っていたら、アラスカの原稿修正が入り…と、まさに地球中を脳みそが飛び回る日々。第１弾制作時と同じく、もはや旅ノイローゼ寸前だった（笑）。でも、なんとか、「これまでには絶対にない」ファンキーな旅ガイドを、創り上げることができたと思う。
それにしても、本当に世界は広い！　調べれば調べるほど、違う切り口で紹介したい旅先がどんどん増えていき、ワクワクが広がっていった。これからも、ぶっ飛んだ旅ガイドを、次々と創っていくつもりだ。
旅のカタチは、人それぞれ。短くても長くても、近くても遠くても、なんだってOKだ。人生を変えるきっかけは、どこにあるかは分からない。本書を読んで、もし、ひとつでもピンときた旅があれば、ぜひ実際に旅立ってほしい。きっと一歩踏み出したその瞬間から、人生は少しずつ変わり始めるはずだから。
Let’s Try, a Life Changing Trip!

A-Works 編集部

協力一覧（敬称略、順不同）

構成協力、写真提供：
Ism, HAIしろくまツアーズ, フィンツアーズ, パラドール日本総代理店 イベロ・ジャパン, ビーチロックビレッジ, バリ島・日本人旅行情報センター, 西遊旅行, STA TRAVEL, ERNESTO TRAVEL, Itxaso Zuñiga, NEW CAMBODIA TOURS, 国境なきランナーズ, やすらぎの里, Burning Man, Mardi Gras, 世界一周堂

写真提供：
＜104-105P＞須田誠, ＜106-107P＞亀山亮, Tim Schapker, Phil Steele - BurnMonkey.com, IanLauder.com, Steven Fritz, Bill Kositzky, Tristan Savatier - Loupiote.com, Ales Prikryl www.DustToAshes.net, Erik More erik@more-design.ca, Anthony Peterson at ajpn.com, Scott London www.scottlondon.com, アメリカ西部5州政府観光局, Frank Flavin, Brian Adams, Robin Hood, 大野成郎, 2010©Doug Demerest/AlaskaStock.com, 2010©Jeff Schultz/AlaskaStock.com, 2010©Michael DeYoung/AlaskaStock.com, 2010©Jeff Schultz / AlaskaStock.com, YUICHI TAKASAKA http://www.blue-moon.ca, マーシャル諸島政府観光局, Michael Douglass（Mardi Gras Photo Team）, Connie Chan（Mardi Gras Photo Team）, Jonathan May（Mardi Gras Photo Team）, Richard Kendall（Mardi Gras Photo Team）, Stefanie Mellon（Mardi Gras Photo Team）, Zelko Nedic（Mardi Gras Photo Team）, Stefanie Mellon（Mardi Gras Photo Team）, AJ Hackett Macau Tower, マカオ観光局, 櫻井将士, UENO YOSHINORI, グローイングコンセプション, R-Group, Amouage,
■ゲッティイメージズ　＜121P＞©Jerry Driendl/The Image Bank, ＜123P＞©Kieran Scott/The Image Bank, ＜154P＞©Jeremy Horner/The Image Bank, ＜155P＞©Christopher Pillitz/The Image Bank, ＜158P＞©Christopher Pillitz/Reportage, ＜159P＞©Travel Ink/Gallo Images, ＜160P＞©Travel Ink/Gallo Images, ＜163P＞©Christopher Pillitz/The Image Bank, ＜164P＞©Matthew Wakem/Workbook Stock, ＜169P＞©Todd Boebel/Workbook Stock, ＜169P＞©Bruno Morandi/Robert Harding World Imagery, ＜171P＞©Daniel Boag/Lonely Planet Images, ＜171P＞©Richard Darbonne/The Image Bank, ＜258-259P＞©Mark Horn/Photographer's Choice
■amanaimages　＜150P＞©Timothy Allen/Axiom/amanaimages, ＜156-157P＞©JUNYUSHA/SEBUN PHOTO/amanaimages

協力：
アビアレップス・マーケティング・ガーデン, オンザロード, マザーベイビースクール&ロッヂ, 宝泉寺

引用・参考文献：
＜11P＞『ムーミン谷の夏まつり』（トーベ・ヤンソン／講談社文庫）P101より抜粋, ＜6P＞『フジ子・ヘミングの「魂のことば」』（清流出版）, ＜76P＞『強く生きる言葉』（岡本太郎、岡本敏子／イーストプレス）, ＜116P＞『賭博黙示録カイジ』（福本伸行／講談社）, ＜157P＞『YELLOW EAGLE』（池田伸／A-Works）, ＜246P＞『猪木イズム』（サンクチュアリ出版）, ＜278P＞『ルパン三世 くたばれ！ノストラダムス』（台詞・柏原寛司）

本書は制作時（2010年）のデータをもとに作られています。掲載した情報は現地の状況などに伴い変化することもありますので、その点、ご理解ください。

また、あらためて言うまでもありませんが、旅はあくまでも自己責任です。本書で描いている旅の見解や解釈については、個人的な体験を基に書かれていますので、すべてご自身の責任でご判断のうえ、旅を楽しんでください。
万が一、本書を利用して旅をし、何か問題や不都合などが生じた場合も、弊社では責任を負いかねますので、ご了承ください。

では、また、世界のどこかで逢いましょう。
Have a Peace Trip！

2010年4月26日　株式会社A-Works　編集部

7日間で人生を変える旅 **7 DAYS TRIP GUIDE**

2010年 4 月26日　初 版 発 行
2011年 6 月 8 日　第4刷発行

編集 A-Works

デザイン　高橋 実（アシスト 大津祐子）
構成　高橋歩・伊知地亮・滝本洋平・小海もも子
A-Works Staff　池田伸・二瓶明

発行者　高橋歩

発行・発売　株式会社A-Works
東京都世田谷区北沢2-33-5 下北沢TKSビル3階　〒155-0031
TEL：03-6683-8463 ／ FAX：03-6683-8466
URL：http://www.a-works.gr.jp/
E-MAIL：info@a-works.gr.jp

営業　株式会社サンクチュアリ・パブリッシング
東京都渋谷区千駄ヶ谷2-38-1　〒151-0051
TEL：03-5775-5192 ／ FAX：03-5775-5193

印刷・製本　中央精版印刷株式会社

ISBN978-4-902256-29-1